明仔玩军事

百科图解
现代陆军战术运用

瀚鼎文化工作室◎编著

航空工业出版社
北京

内 容 提 要

随着时代不断地向前推进，现代战争中的战略、战术也发生了翻天覆地的变化，陆军作为战争中不可或缺的军种，其战术布置至关重要。本书详细地介绍了现代陆军在新的战场环境下的战术运用，希望能满足军事爱好者的阅读需要。

图书在版编目（CIP）数据

百科图解现代陆军战术运用 / 瀚鼎文化工作室编著. -- 北京：航空工业出版社，2014.10（2018.6重印）
ISBN 978-7-5165-0567-0

Ⅰ. ①百… Ⅱ. ①瀚… Ⅲ. ①陆军－战术学－图解 Ⅳ. ① E841-64

中国版本图书馆 CIP 数据核字（2014）第 210733 号

百科图解现代陆军战术运用
Baike Tujie Xiandai Lujun Zhanshu Yunyong

航空工业出版社出版发行
（北京市朝阳区北苑 2 号院 100012）
发行部电话：010-84936597 010-84936343

北京世汉凌云印刷有限公司印刷 全国各地新华书店经售
2014 年 10 月第 1 版 2018 年 6 月第 3 次印刷
开本：710×1000 1/16 印张：12 字 数：202 千字
印数：7001—10000 定 价：32.80 元
（凡购买本社图书，如有印装质量问题，可与发行部联系调换）

编者的话

一提到陆战，恐怕大多数读者首先想到的是双方坦克轰鸣，炮弹、导弹齐飞的场景，或者是步兵之间进行近身作战的画面。本书中所介绍的陆战更多的是指日益发达的现代战争，以近年来规模最大的阿富汗战争和伊拉克战争为例，一些新的战略战术已经成熟，与以往我们所认为的陆战有了很大不同。

本书所涉及的内容主要是国外军队尤其是美军近年所使用的一些新的战略战术。为了让读者更好地认识现代战争和战术，我们搜集了大量国外资料，精心编著了这本图书。本书不仅详细介绍现代陆军的构成，还从战略战术方面加以延伸，希望能给读者带来全新的阅读感受。

作为《百科图解》系列丛书组成部分，本书适合军事爱好者、枪械爱好者、广大青少年阅读收藏。《百科图解》系列丛书是瀚鼎文化工作室倾力打造的“明仔玩军事”大家庭中的一员。

明仔玩军事

●目 录●

目 录

第一章

陆军部队

No.001 现代陆军的定义

现代陆军已经不再是纯粹的战争机器，他们不仅要负责战斗和占领，还要承担更重要的责任。

现代陆军被赋予了更加重要的职责

从人类的第一次战争开始，陆军就是战争的主要力量，即使是现在，陆军所扮演的角色依然不可能被空军或者海军代替。

通常我们一提到陆军，大多数人就会想到步兵、炮兵、坦克部队等作战部队。事实也正是这样，无论是在两次世界大战中，还是在地区冲突中，陆军几乎都是作战双方的主要战斗力量。

在第二次世界大战（后称二战）时，德、意、日法西斯结成轴心国入侵周边国家，中、美、苏、英等国为了取得反法西斯战争的胜利，结成反法西斯同盟。战场从欧洲到亚洲、从大西洋到太平洋，先后有 61 个国家和地区、超过 20 亿人被卷入战争。

在欧洲战场，英、美等国家组成的盟军从 1944 年诺曼底登陆开始，进入反攻，最终在东线苏军的配合下，打败了德国法西斯。在亚洲和太平洋战场上，中国军队进行了长达八年的抗日战争，美军则在太平洋上和日军多次交战。这一时期，陆军是进行领土争夺的主角。

二战后，像法国等在战争中遭到法西斯侵略占领的国家恢复了战前的形态，而德、日两国则被盟军占领。盟军占领这两个法西斯国家以后，其主要任务已经不是作战，而是负责处置战败国。此时，陆军扮演的是占领军的角色，进行占领统治。

现在世界上部分国家往往会打着“人道主义”旗号，干涉其他主权国家内政，甚至不惜发动战争。抛开战争的正义与否不谈，军队在占领当地以后担当起维持当地治安、进行战后重建是现代陆军职责转换的典型。

从战斗部队变成占领部队

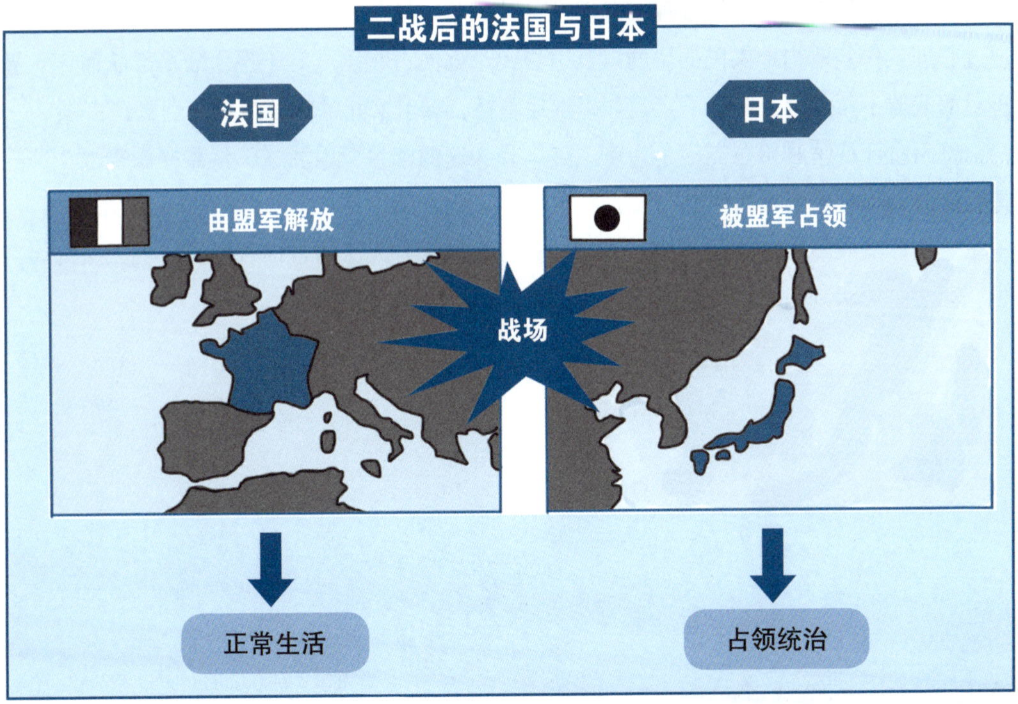

No.002 现代陆军作战的方式

大多数人会觉得陆战就是交战双方的陆军士兵和坦克、装甲车相互作战，杀伤对方而已，这其实只是陆战的一小部分。

“先小股渗透，后大部队跟进占领”成主流

世界上大多数国家，都会尽量避免被卷入到各种形式的战争中，只有少数例外。因为一旦介入他国事务，面临的不仅仅是作战，还有负责支援、重建等许多难题。

现代陆战不只是把战斗部队输送到战场进行战斗就行。如果两国之间爆发战争，就算战争结束也并不意味着完结。战胜国还要承担起当地的政治、经济、教育、基础设施重建等重要职责。

那么，现代陆战主要有哪些内容呢？从性质上看，现代陆军的作战方式可分为战斗行为和非战斗行为两种。

战斗行为包括：直接的军事行动、反恐活动、侦察作战、各种武器的运用等。与以往不同的是，现代陆军的战术已经不像以前那样两军对峙，长期交战，而是以特种作战为主。

战斗中，以小部队进行渗透，同时配合海空力量打击对方的重要设施和战斗力量，然后由大部队前往占领，是当今陆战战术的主流。

非战斗行为则主要包括心理攻势以及各种民事行动。这类行为不是用武器作战，而是通过心理工作获取当地人民的协助以及引导舆论偏向占领国。对于现代陆军部队而言，最重要的武器不再是枪，而是语言。如果沟通不畅，加上文化冲突，很难实现真正占领。

以阿富汗战争和伊拉克战争为例。美军介入这两国事务以后，不仅需要派遣战斗部队进行作战，还要承担起这两个地区的重建以及反恐等多项职责。因此，对于现代陆战而言，最主要的作战武器可能不是步枪，而是语言。如果双方无法通过语言交流，就无法沟通，也就无法更加深刻地了解当地的文化，自然很容易发生冲突。

陆战的类型

现代陆战包括战斗行为和非战斗行为两大类

战斗行为

- 直接的军事行动
- 反恐活动
- 侦察作战
- 各种武器的运用

非战斗行为

- 心理攻势
- 各种民事行动

语言是比枪更有力的武器

支援重建的行动

步枪

在阿富汗行动的特种部队队员，必须学会达利语和普什图语。

No.003 新式的作战部队

以前作战是简单的战斗力比拼，以火炮、坦克、军队直接交战，与现代部队的作战方式和作战任务都有所不同。

应对小规模作战需要而产生，特战部队受推崇

第一次世界大战（后称一战）中，地面战争以堑壕战为主，由于士兵手中的步枪给对方造成的威胁有限，因此交战双方进行了大量炮战。士兵长期处于炮火的威胁下，精神高度紧张，许多人都因此患上了“弹震症”（Shell shock，本章第 8 节我们会详细介绍）。

到了第二次世界大战，空降部队出现。德军为了夺取克里特岛，进行了史上首次大规模空降作战。

此外，坦克、装甲车等作战方式也不断发展，从一战时突袭敌军阵地，到二战时大规模坦克集团作战，发展变化非常快。德军在二战初期对波兰、法国等国进行的闪电战非常有效，但是在面对实力强大的苏联时，由于苏联有足够的军事力量与其赖以称雄的坦克部队对抗，所以闪电战收效甚微。

二战结束以后，以美、苏为首的资本主义阵营和社会主义阵营进行了长达数十年的冷战。在此期间，先后爆发了朝鲜战争、越南战争等多次局部战争。

在这两次战争中，虽然美国军事力量强横，但是最终都陷入了战败的泥潭。其中非常重要的一个原因就在于，美军悖逆了当地人民的民心，试图以自己的军事力量强行扭转战争局面。加上战略战术与实际作战环境不符，二战时行之有效的大规模战斗作用逐渐削弱。

此后，现代陆军的战斗部队大多进行了改编，一些新的编制和战术就是专门为了应对小规模作战需要而产生的。特种部队的数量也逐渐增多，针对重要作战目标的特种作战成为一种备受推崇的作战方式。

战场上很容易罹患“弹震症”

一战中，许多士兵都处于火炮的威胁下，因此患上了“弹震症”。

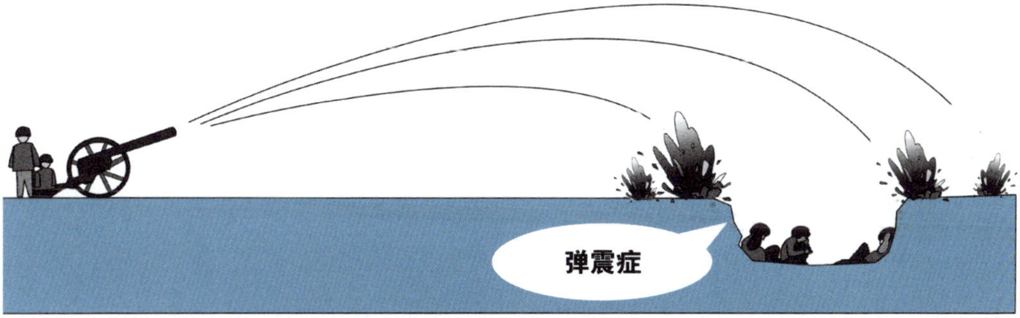

冷战期间的热战

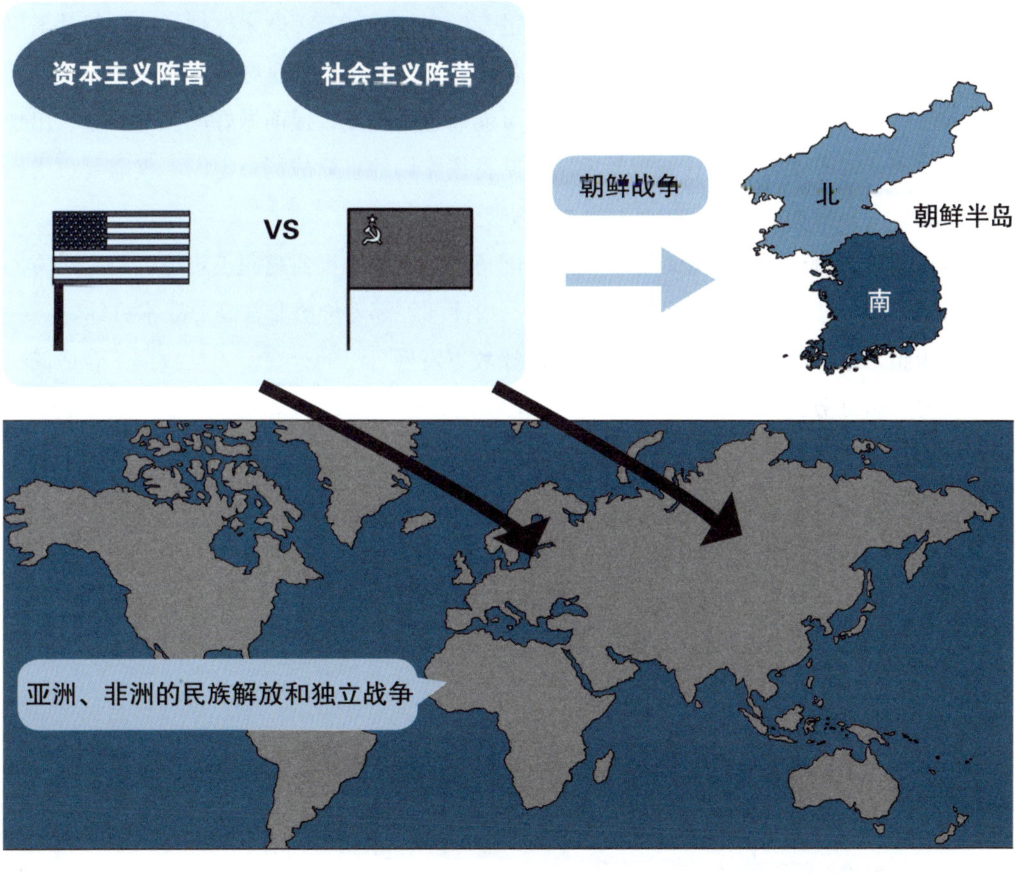

No.004 一击制敌的部队

现代陆战中，通过狙击来攻击对方重要设施或者人员的狙击部队越来越活跃。

隐藏在暗处行动，出其不意发起攻击

根据统计，二战时平均每杀死一名士兵需要2.5万发枪弹。越南战争时平均每杀死一名士兵需20万发枪弹，然而同时期的一名狙击手杀死对方一名士兵平均只需1.3发枪弹。

狙击手最早出现在一战期间，当时德军挑选枪法精准的士兵组成自由行动的狙击手，他们大多出身于猎人和护林员，对东、西两线的英法军队和俄军造成了重大杀伤。为了对付德军狙击手，在战争末期，英军专门成立了狙击手学校以培养反狙击人才。

1939年的苏芬战争中，芬兰面对强大的苏联，根本无法正面对抗。他们充分利用地形地貌等自然条件，善于伪装，以小股步兵机动作战，使苏军遭受了重大损失。经过这次战争，狙击手第一次真正被人们所重视。

现代的特种作战中，狙击战术是由经受过专门训练的狙击部队来执行的，一般都是以两人为一小组隐藏在暗处，一名狙击手，一名观察手，出其不意地对敌人进行攻击。

狙击部队通常是在夜间出动，选择敌人可能通过的地点，提前做好埋伏，等敌人出现后将其消灭。除了在野外，巷战也是狙击部队发挥作用的重要战场。他们不仅需要负责狙击，对敌人的监视和情报收集也是其重要职责。

狙击部队的目标不仅仅是对方的人员，配备了大威力的反器材狙击步枪以后，对方的重要仪器、轻型装甲车辆、弹药库、油料库、指挥部等都是价值非常高的战术目标。

作为狙击手，必须时刻保持谨慎，不能让敌方发现自己的存在，一旦找到了合适的机会，就要一击制敌！

狙击部队

最初的狙击手并未成立专门的部队，而是从士兵中挑选出来的“神枪手”。

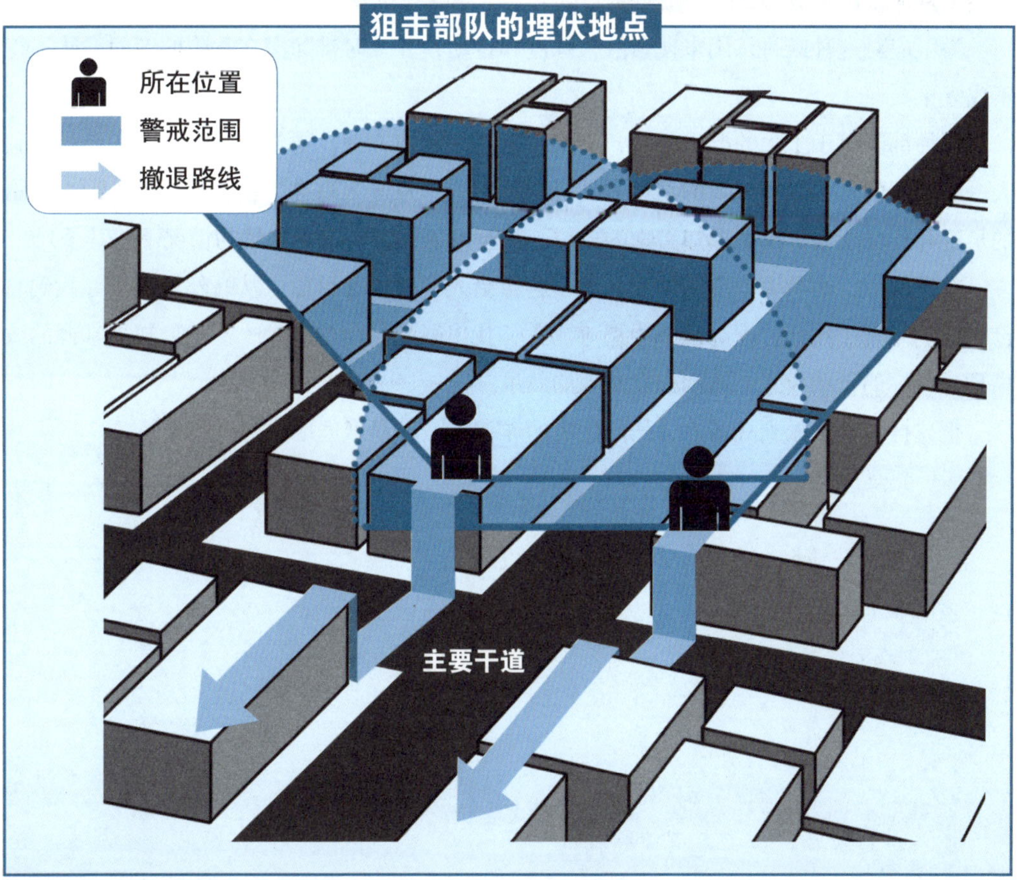

No.005 搜索陷阱的部队

战斗部队的任务不仅仅是与对方作战，搜索敌人的踪迹以及敌人可能设置的各种陷阱也是必备工作。

像猎人一样寻找线索，练就一双火眼金睛

自从地雷出现以后，各国的工兵除了架设桥梁、修建各种军用设施以外，又多出了一项任务，那就是扫雷。2001 年“9•11”事件以后，各国相继成立了现代化的搜索侦察部队。

在阿富汗战争和伊拉克战争中，阿富汗军队和伊拉克军队常常会趁着夜晚在路边等处设置炸弹，用来袭击美军。

这一举动的影响十分严重。一方面，被攻击的士兵根本不知道自己何时可能会遭到袭击，精神总是处于高度紧张状态；另一方面，没有经过专门训练的士兵，很难看破路边精心伪装的炸弹，从而疑神疑鬼，很容易引发意外。而且这种炸弹可以远程引爆，非常危险，对美军构成了严重威胁。

为了应对这种威胁，用来搜索敌人踪迹和行动，并及时排除潜在危险的专门部队不得不成立了。

这种部队对于士兵的要求很高，不仅仅是作战能力方面，更为重要的是士兵要具有猎人一般聪慧的耳目以及敏锐的洞察力。高明的猎人一旦进入森林，就会根据各种野生动物的足迹和环境线索，迅速探知猎物的方位，甚至可以在猎物毫不知情的情况下将其杀死。

在训练中，这种搜索部队的士兵要学会像猎人一样搜寻目标，从蛛丝马迹中寻找到自己需要的线索。比如：搜寻森林中遇难的人，找出疑犯的藏身之处，甚至要根据掌握的线索预计目标的行动模式，达到先发制人的效果。

把这样的部队派到战场上，任何伪装的炸弹、陷阱都难逃他们的火眼金睛。

路边炸弹

恐怖分子惯用的手段，通常是远程控制引爆。

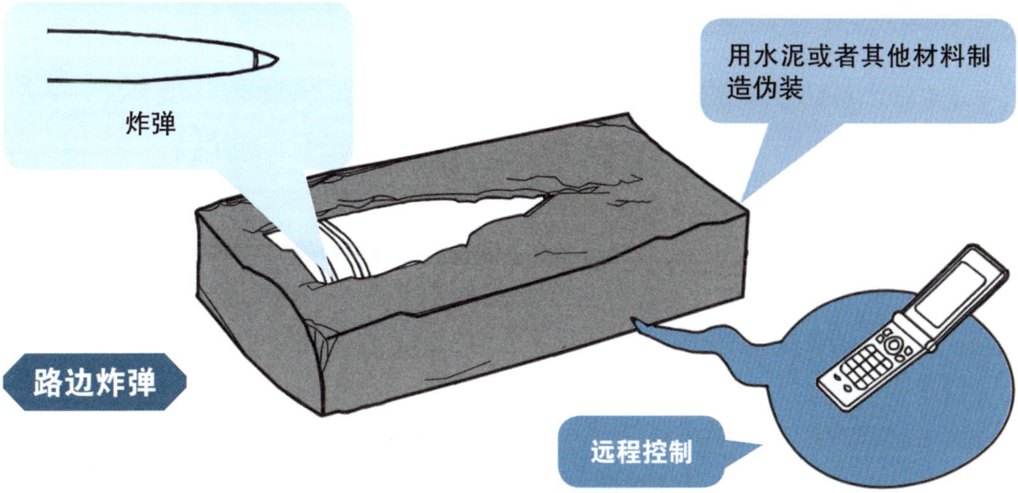

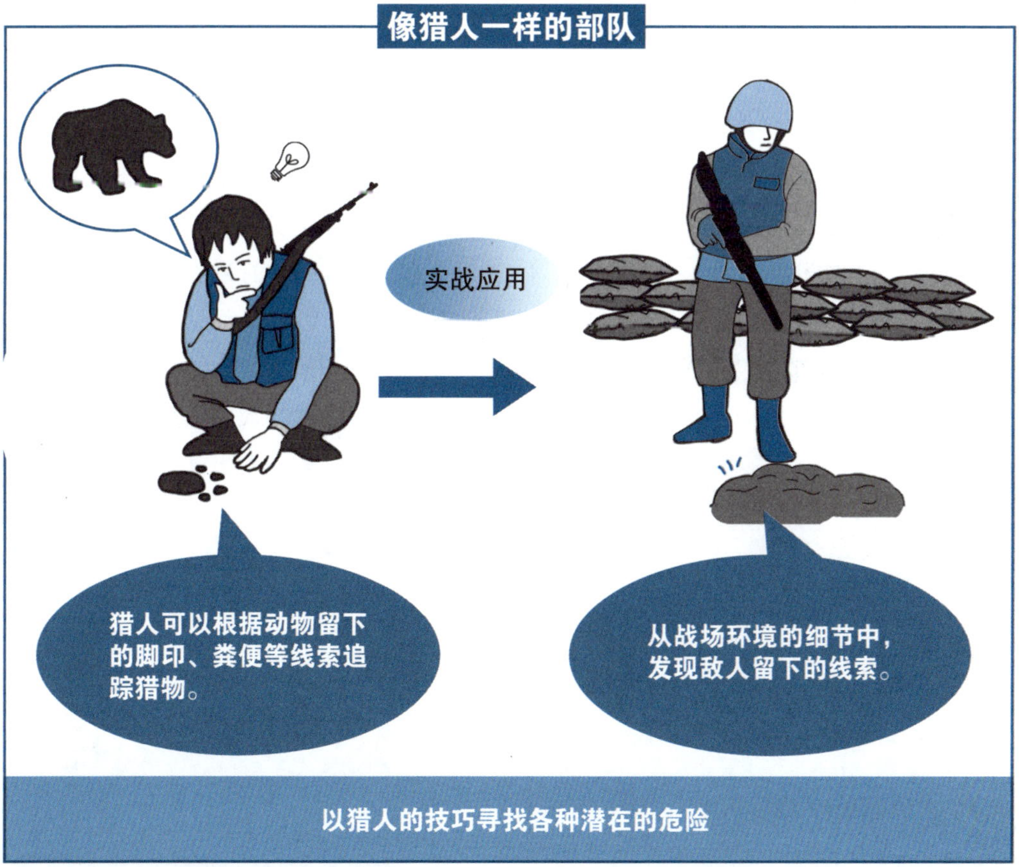

No.006 了解当地生活文化的部队

战后，如果占领国无法顺利进行统治和促使当地人民自治，很容易导致混乱，因此必须要让当地人民认同和接受自己。

要克服文化隔阂，建立信赖的关系

从战争双方而言，占领国想要克服与当地的语言文化隔阂是非常困难的，尤其是当占领国本身就是侵略者的时候。

就算是一些国家常常会打着“人道主义”旗号干涉他国内政，但也只是他们自己的说辞，只要当地人民不认同，双方的各种冲突只会不断加剧，关系也会愈加紧张。长此以往，就会变成双方相互敌视，甚至会最终导致武力冲突。

因此不难推断，如果占领军本身无法了解对方的文化并具备应对文化冲突的能力，其作战效率必然会事倍功半。就算是正当占领，也会演变成侵略。

为了应对这种情况，各国军队都会培养精通各地语言文化的专门部队。美国陆军从2003年开始，就成立了叫做“人类地域小组”（HTT）的部队。人类地域小组由士兵和文化学、人类学专家组成，他们的任务是在当地提供给本国军队实际有用的作战指导，减少文化冲突。

在一些武装冲突多发的地区，一旦有军用车辆或者士兵路过，当地人就会迅速提高警惕，甚至会有游击队发起攻击。像人类地域小组这样的部队就是要在过境之前，提前了解当地语言、文化等相关情报，指导部队如何与当地人建立相互信赖的关系，以及发生冲突以后的应对方式等。

还有一些特种部队，本身对各地文化也都有一定的了解，他们能够独立地根据实际情况与当地人交流，完成与人类地域小组类似的任务，美国的特种部队“绿色贝雷帽”就是这样的部队。

是侵略者还是解放者

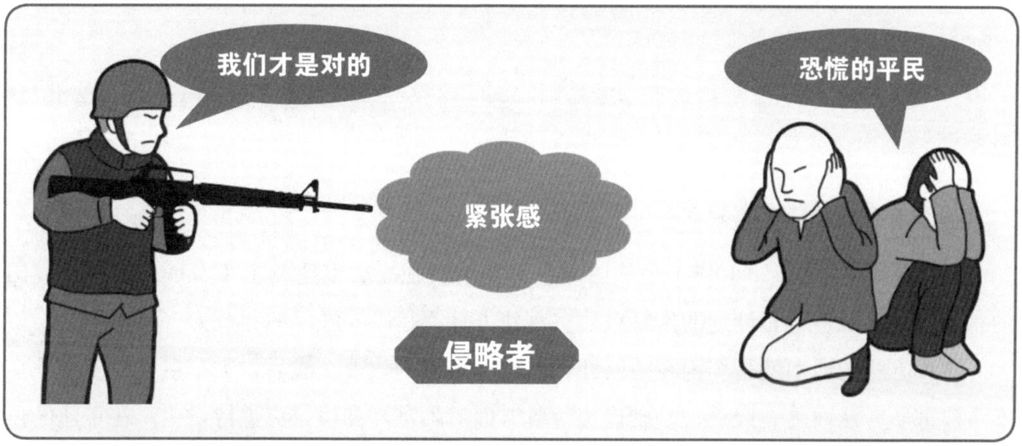

人类地域小组的工作内容

No.007 负责战后重建的部队

战后重建部队主要负责占领地基础设施的建设，维持当地治安，避免战后危机。

1
2
3
4
5

帮助重建也是基于国家利益

“战后重建部队”（PRT）是战胜国在占领地实施战后重建的主要力量，按照战胜国的意志对占领地进行有计划的恢复重建。重建方针都是以战胜国的利益为首要考虑。

这种方式的典型就是美国在阿富汗和伊拉克实行的政策。战后，美军在当地安排了多支重建部队，从政治、经济、基础设施等各方面对阿富汗和伊拉克进行重建。在重建的过程中，有许多美国企业参与重建工作。

根据地区的不同，重建部队的规模也不相同，通常一支重建部队有 60~100 人，其中 80% 都是负责收集情报和心理作战的特殊部队。当地的治安则是由在战胜国安排下建立的警察系统负责。

重建部队中不仅包括士兵，还有一些重建工作的专家参与。比如美国的重建部队中就有美国国务院、农业部等部门的人员。

重建工作不仅包括主要的城市，还要延伸到其他地区。比如在阿富汗与伊拉克，如果美军只是改善喀布尔或者巴格达地区的治安，不可能从根本上缓解当地的局势。

这类重建部队的代表是美国陆军特种部队“绿色贝雷帽”的综合重建小组。“绿色贝雷帽”在完成作战任务以后会被安排前往交通不便、治安不佳的地区帮助当地居民重建，同时搜集恐怖分子的情报。

重建部队在一定程度上能为当地建设作出贡献，但是，随着大量资金、物资的使用，也随之会产生贪污、受贿、欺诈等问题。最重要的是，重建活动往往能给战胜国带来相应的利益。

重建部队的构成

重建部队由士兵和重建工作的专家构成

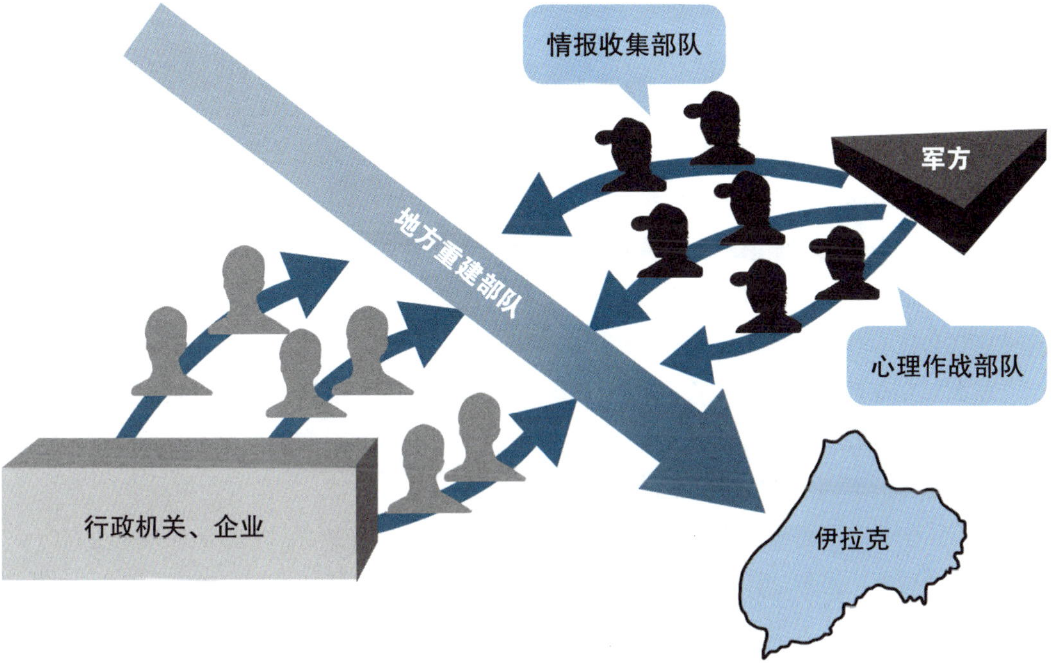

重建工作要延伸到各个地区

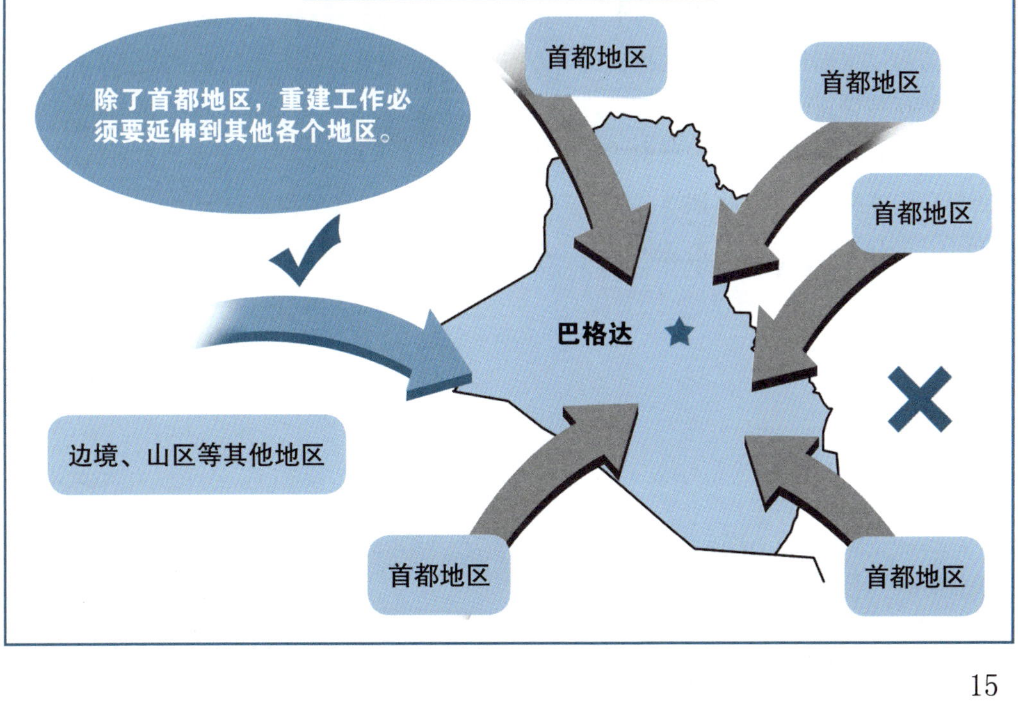

No.008 缓解士兵压力的心理部队

在战场上，士兵除了面对枪弹、炮弹等威胁，心理方面的伤害往往遗毒更深。

专门应对士兵的心理问题，为他们“减压”

在新闻或者电影中，我们都曾看到过特种兵因为心理问题，无法正视社会，甚至走上了报复社会的道路。这些人中，大都患有战后心理综合症。

早在一战中，心理学家就发现战场上的士兵由于长期处于炮弹的威胁下，患上了一种叫做“弹震症”（Shell shock）的心理疾病。士兵会因此性情大变、易受惊吓、逃避过去等，这种症状和战后心理综合症都属于创伤后应激障碍。

那么，究竟是什么影响到了士兵的心理呢？

在战争进入胶着状态时，士兵往往要按照上级命令长期驻扎在某个地方，无论战况如何，即使是每天遭到枪击或者炮轰的威胁，都不得不忍受这一切。

战后，士兵又不得不负责当地的治安或者重建，战斗任务减少，所扮演的角色也在短时间内迅速转换。虽然这样，士兵依然要长期在同一地区执行任务。

心理研究发现，人类的活动越是被限制，越容易感到不安和焦躁。战争中的士兵长期执行各种任务，面临诸多恐惧，精神始终高度紧张，很容易产生心理方面的疾病。

即使同样身处战场，防守一方往往比攻击一方更容易受到心理问题的侵袭。这是因为，攻击一方可以根据自己的优势选择攻击的方向、地点、时间，而防守一方则完全处于被动，需要时刻保持警惕。

为了避免这种情况，及时缓解士兵的心理压力，许多国家都成立了专门负责减压的心理部队。心理部队由精神病理学、心理学等专业人员组成，他们负责对士兵进行心理治疗，缓和士兵的战斗压力，对抗心理疾病这个看不见的敌人。

产生战斗压力的原因

与攻击作战相比，防守一方更容易产生心理问题。

战后心理综合症

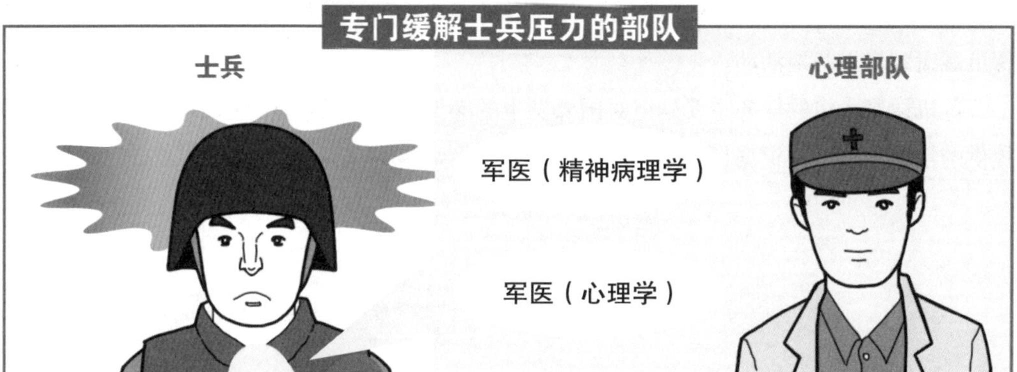

心理部队是专门负责对士兵进行心理治疗，缓解士兵压力的部队。

No.009 负责交涉人质的部队

战场的情势复杂，常常会出现攻击、绑架士兵或者其他工作人员的情况，为此，需要有专门负责与对方交涉的人员。

专门负责处理绑架危机，根据目标制定策略

在战场上，为了对付敌人，双方会使用各种战术。绑架对方的重要人物就是非常常见的手段。

在阿富汗和伊拉克战争中，美国有许多人员遭到恐怖分子的袭击和绑架。那么，类似的袭击主要是针对哪一类人呢？

在军方和情报部门中，对方的各级指挥官和领导人是攻击和绑架的首要目标。但是恐怖分子一般没有直接攻击这些人员的能力，因此他们的目标常常是普通士兵或者非政府部门的其他工作人员，比如参与当地重建工作的企业人员、媒体记者等。

军方攻击和绑架对方人员的目的是为了达到相应的战术效果；恐怖分子往往是为了引起国际关注，实现自己的利益目的。恐怖分子的绑架活动虽然无法直接触动高层，但是对普通士兵和工作人员而言，如果时刻处于危险当中，心理上受到的威胁非常严重。

要应对绑架事件，出动军队显然不适合。美国负责这类事件的，通常都是“美国联邦调查局”（FBI）。

美国联邦调查局平时的主要任务是应对国内各州的恐怖袭击、间谍活动、贪污、抢劫等案件，活动范围主要是美国国内。随着恐怖活动对美国的威胁日益加剧，FBI 的任务类型也有所变化。早在 1995 年，美国联邦调查局就成立了“危机谈判小组”（CNU），将探员派遣到世界各地活动。

危机谈判小组的任务主要是应对国外发生的绑架美国公民事件，在“中央情报局”（CIA）提供的情报帮助下，根据目标的不同，制订相应的策略。

军方和恐怖分子的绑架目标

恐怖分子和军方攻击、绑架的目标完全不同

军方和情报机关 → 目标 → 各级指挥官和领导人

恐怖分子 → 目标 → 普通士兵和工作人员

负责交涉人质的部队

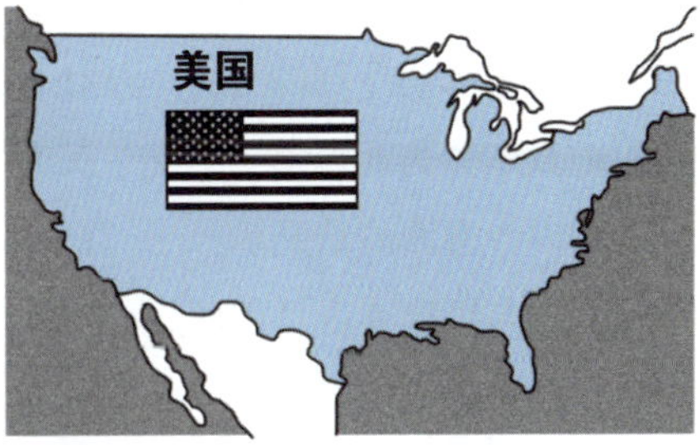

联邦调查局的危机谈判小组

中央情报局负责情报收集

妥善处理事件

职责并不重复

美国负责此类事件的是联邦调查局中的危机谈判小组

No.010 神秘的民事部队

战后的重建工作涉及到政治、经济等多个方面，其中负责协助当地自治的部队称为“民事部队”。

实行分区管理，负责当地自治

在占领地区，如果不能及时安定民心并保证当地治安的话，其他工作都很难开展。负责这类事务的，就是民事部队。他们的工作内容包括战后的诸多方面，比如政治、经济、公共设施、卫生、就业、教育、战后赔偿等。

民事部队并非近年才出现的，早在二战后，美国的民事部队就在战后负责日本的政治、经济重建。

日本战败以后，盟军驻日总司令部派遣民事部队改造日本，由美军负责。在此期间，美军根据盟军总司令部的方针，从社会、经济、法律等多方面对日本进行了全面改造。当时美军把日本分为北海道、东北、关东、东北陆、近畿、四国、九州等多个管区，全面监督日本国内各方面的情况。

阿富汗与伊拉克也是如此，美军在这两个国家也派遣了专门的民事部队进行分区管理。

美军民事部队中的士兵并非职业军人，大多都是预备役士兵。如此配置一方面是出于部队轮换的考虑；另一方面，预备役士兵平日就是平民，相较于职业军人，他们更清楚平民的想法，派遣他们从事民事工作更容易与当地人建立起相互信赖的关系，有助于重建工作的进行。

在当地居民出现各种纠纷的时候，民事部队可以从平民的角度妥善处理，将事态平缓处理。而如果这种工作交给作战部队的话，他们非黑即白的处理方式可能不仅无助于解决事件，还会因为武断地处置造成事件恶化。

二战后被分区管制的日本

盟军驻日总司令部把日本分为多个区域，从社会、经济、法律等多方面对日本进行了改造。

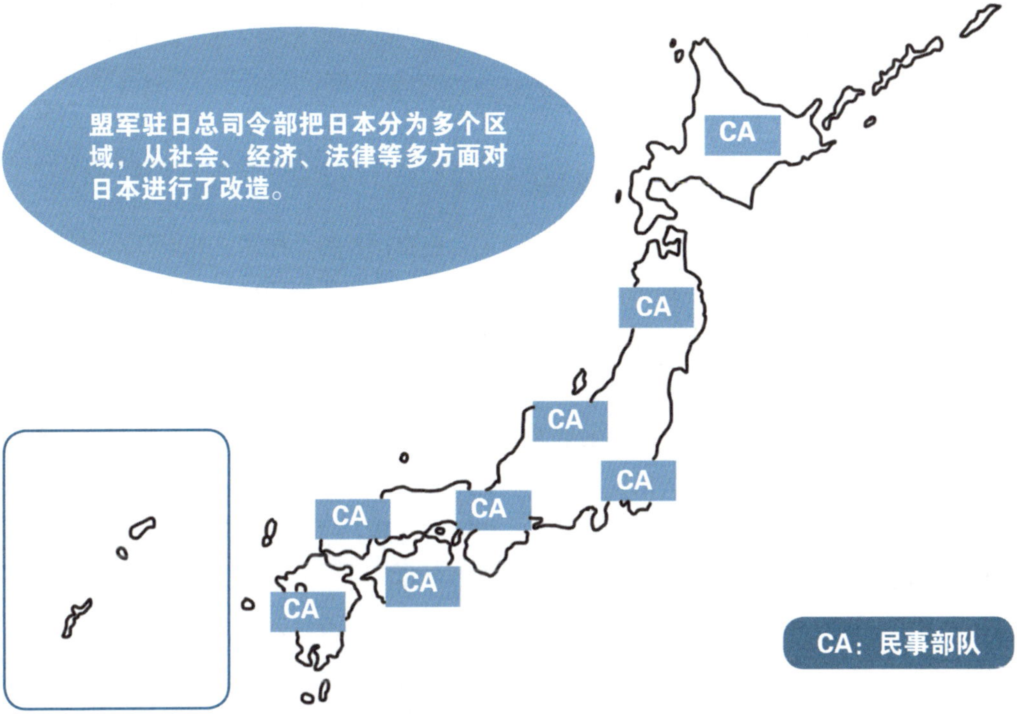

隶属民事部队的预备役士兵

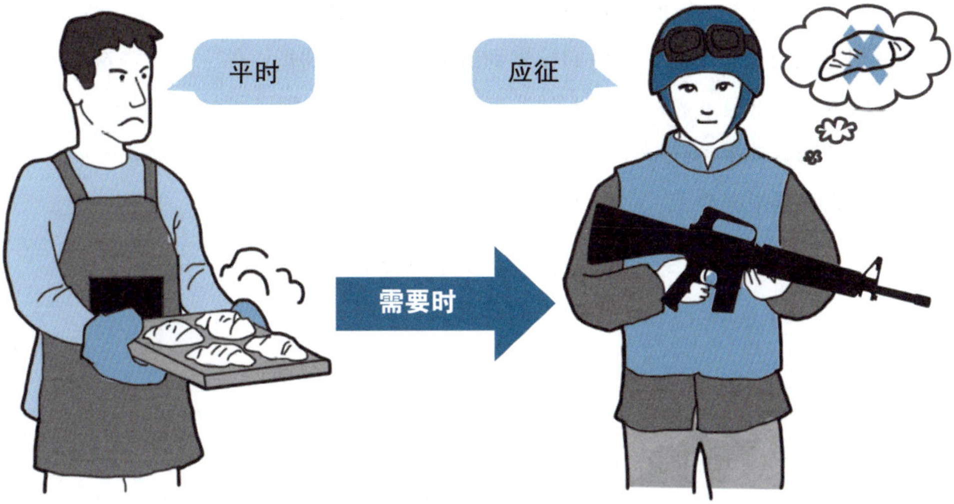

预备役士兵是平民，在必要时应征入伍，比较容易和当地平民建立起相互信赖的关系。

No.011 美国陆军特种部队

特种部队的任务并不是单一地进行破坏工作和收集情报，有时还要承担协助当地重建的任务。

要让自己融入当地环境，最主要的伪装是语言和文化

特种部队，尤其是美国的特种部队，可以说是遍布世界各个地区。如果只是进行作战任务，其实并不需要长期在各地活动，但是特种部队所需要执行的任务不止于此，他们往往要在当地长期生活，因此必须要让自己充分融入当地环境才行。

融入生活环境不比融入自然环境，只需要在表面做些伪装就行。想要融入生活环境，最重要的伪装就是语言和文化。只有能够非常熟练地使用当地语言，并且行为举止都和当地人非常相似，才能取得他们的信任。

美国陆军特种部队“绿色贝雷帽”就是这样一支部队。“绿色贝雷帽”是美国陆军中规模最大的特种部队，经常被派往其他国家，执行各种秘密任务。

目前，“绿色贝雷帽”主要活动在东亚、太平洋、地中海、西非、中东、南亚、拉丁美洲等地区。这些地区都是美国的外交战略中比较有价值的地区，因此，派遣“绿色贝雷帽”也是他们外交活动中的一环。但是，母语是英语的美国特种兵们想要在这些地区立稳脚跟，必须要学会使用当地的语言，了解当地的文化才行。

除了执行日常任务，他们非常注重情报的搜集。比如在和各国合作军事训练和演习时，就可以得到当地的第一手情报。他们搜集到的情报会转送到指挥部，加入资料库。一旦日后某个地区发生了冲突或者战争，平时搜集的资料就能派上用场了。

现在特种部队从事的任务不仅仅是常规战斗中的“尖兵”角色，还承担着应急营救、对敌方重要人物的抓捕以及一些民事活动。

融入当地是非常重要的任务

除了语言之外，服装、举止等方面也要融入当地生活，这点非常重要。

"绿色贝雷帽"的主要活动地区

No.012 常被己方误击的特种部队

许多特种部队队员需要长期潜伏在别国，融入当地，有时候甚至会被己方军队当作恐怖分子攻击。

因乔装改扮成当地人而常常陷入危机的特种部队

特种部队与一般的作战部队不同，他们常常要执行特殊的任务，会被要求乔装打扮在某一地区活动。他们的任务又不会被普通部队所知，因此有时候甚至会被误认为是敌人而遭到自己人的攻击。

在阿富汗战争中，这种情况时有发生。有一些普通部队的指挥官不得不向上级投诉，要求禁止特种部队打扮成当地人的样子活动，以免爆发冲突。

另一方面，特种部队队员也会为了避免冲突尽可能地避开普通部队，或者在必要的时候提前告知普通部队。同时，他们的某些任务依然要求他们要乔装隐藏。

这种冲突爆发的原因是因为双方的作战任务不同，普通部队主要负责正面作战，而特种部队则往往被派遣去执行某些特殊的任务。

美国陆军特种部队“绿色贝雷帽”在世界各地长期活动，他们会使用当地的语言，尽量熟悉当地的民俗文化，融入当地的生活。这是他们最大的特色，也正因为如此，他们常常会被误认为是当地人。

起初，“绿色贝雷帽”负责帮美国的盟友训练部队。从 20 世纪 80 年代开始，他们主要前往敌人后方作战。1989 年爆发的巴拿马战争中，“绿色贝雷帽”多次潜入敌人后方作战。在海湾战争中，“绿色贝雷帽”也曾进入伊拉克执行远距离侦察作战任务。

正是因为具备这样多方面的作战能力，“绿色贝雷帽”常常被中央情报局等多个部门派遣执行一些特殊的任务。

他们不仅拥有顶级的作战能力，还具有将语言和文化作为武器的能力，因此，他们在战争中往往具有不可替代的作用。

因为融入当地而遭到攻击

普通士兵根本不知道特种部队队员的身份，可能会把他们作为攻击对象。

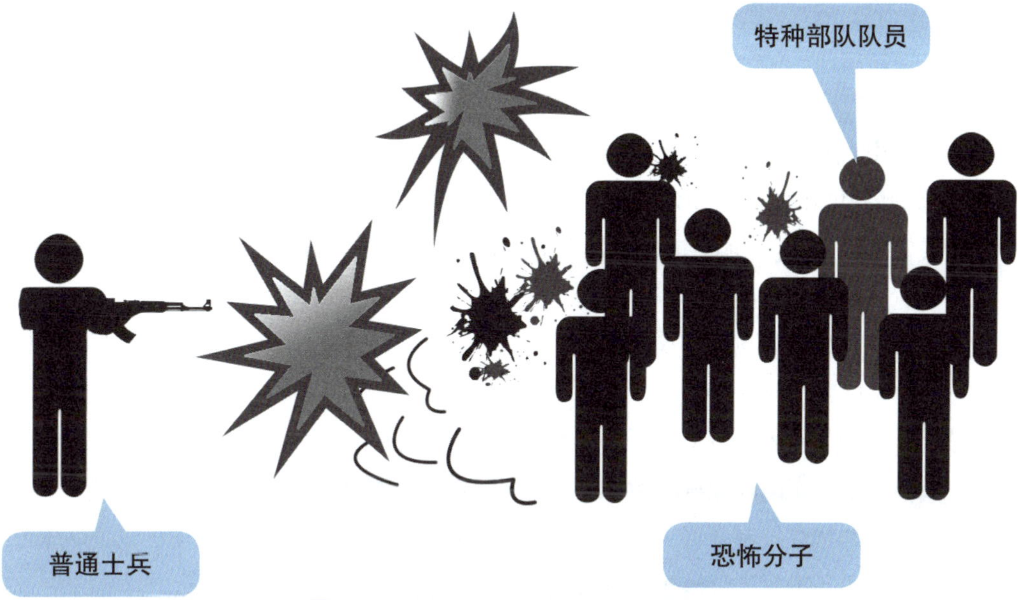

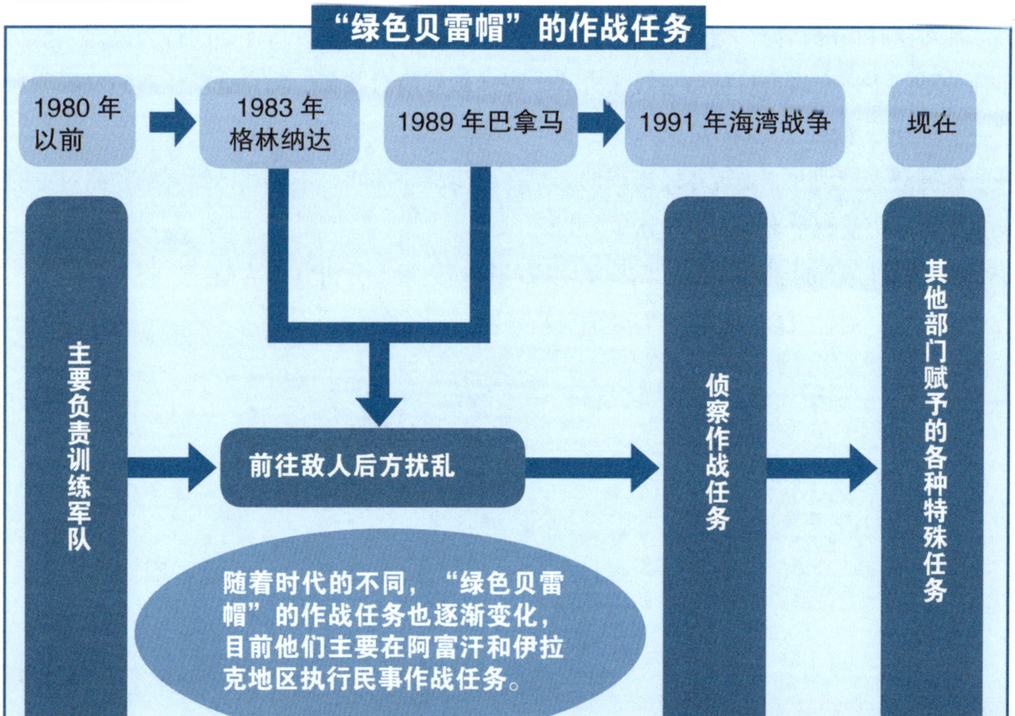

No.013 什么是不对称作战

对于现代陆军而言，通过大量的情报和信息来分析敌人的行为模式是预测对方行动的最为直接有效的方式。

预测敌军行动，以提前做好应对准备

在战争中，如果能够提前知晓对方的行动，就能以相应的策略应对。对于现代陆军而言，通过大量的情报和信息来分析敌人的行为模式是预测对方行动的最为直接有效的方式。

以美军为例，在美国陆军与恐怖分子作战的过程中，他们所面临的最大威胁是恐怖分子不时设置在路边或者汽车中的炸弹。

近年来的反恐作战与以往双方战场上正面作战不同，恐怖分子很少直接和美国陆军正面对战，而是以远程引爆炸弹作为主要的攻击方式。否则的话，仅凭恐怖分子的武装力量，直接面对武装到牙齿的美军士兵，恐怕用不了多久就会被消灭。

恐怖分子所使用的炸弹材料随处可见：用战场上的塑胶炸弹、炮弹等制作炸弹，用手机、玩具等制作远程控制装置。他们会选择在人流量多的地方或者美军车辆经过的时候引爆炸弹，而不是与美军进行枪战，因此称为“不对称作战”。

针对这种情况，美军搜集了大量恐怖分子的情报，以此来分析他们的行为模式，推断恐怖分子的下一个攻击目标或者攻击方式，提前做好应对准备。负责这项任务的部队称为“不对称作战部队”（AWG）。

预测敌人行动并非是近年才出现的。早在越南战争期间，美军就已经开始预测对方的突击步枪和火箭炮带来的对称攻击了。

不对称作战部队的任务是长期搜集对方的行动情报，分析其行为模式，将所有信息整合成资料库，通过大量数据进行有效的分析预测。

预测敌人行动

不对称作战部队会通过分析恐怖分子的行为模式，预测他们下一步的计划或者攻击目标。

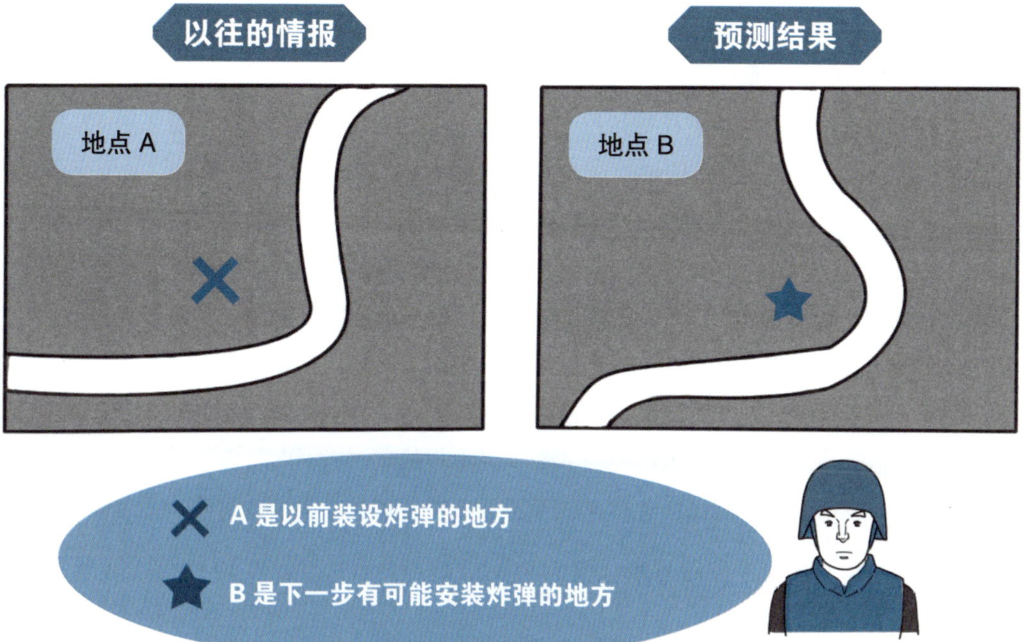

恐怖分子的攻击方式

恐怖分子常常会选择用手机等制成远程控制装置远距离引爆炸弹

No.014 利用信息数据来分析情报

越是能够准确快速地分析敌人的情报，己方就越能及时做出应对。目前世界各国普遍都成立了这种专门负责分析情报的部队。

预测敌人的行动，为己方部队提供作战建议

21 世纪以来，美军在阿富汗和伊拉克开展的军事行动对各国军队都产生了影响。将现代化技术充分运用到战争中，能够形成非常有效的助力。

这项任务一般是由负责不对称作战的部队负责。他们通过收集大量对方的情报资料，预测对方的行动，以便己方及时做出应对。在逮捕逃亡的伊拉克萨达姆政权要员时，这种作战方式起到了非常关键的作用。包括萨达姆在内的多名前伊拉克高官都是被美军掌握了足够的情报以后一举抓获的。

此后，各国纷纷成立了专门负责信息时代情报收集工作的部队。他们建立起存储有大量资料的数据库，能够更加有效地向作战部队提供作战建议，及时将各种情报反馈给作战部队。作战完成以后，作战部队此次作战经历经过整理再次汇集到数据库，为以后作战提供指导。

如此反复，不对称作战部队手中的情报越来越多，准确度也逐渐提高。从中可以归纳出一定的特征，进而分析出敌人的行为模式。

这种方式称为“数据挖掘”或者“资料勘探”（Data Mining），是使用统计学模式分析大量资料，并从中得到需要的信息的方法。

警方在更早的时候就已经使用这种方法建立疑犯的数据库，通过对比案件类型和案发现场信息，分析疑犯的相关线索。

这种通过处理资料来分析敌人行为模式的方法，如今被广泛运用在战场上，在分析对方重要人士的藏身之处以及可能设置炸弹的地点等方面非常有效。

通过分析资料寻找敌人

在电脑中建立数据库，处理各种信息，分析敌人的行为模式。

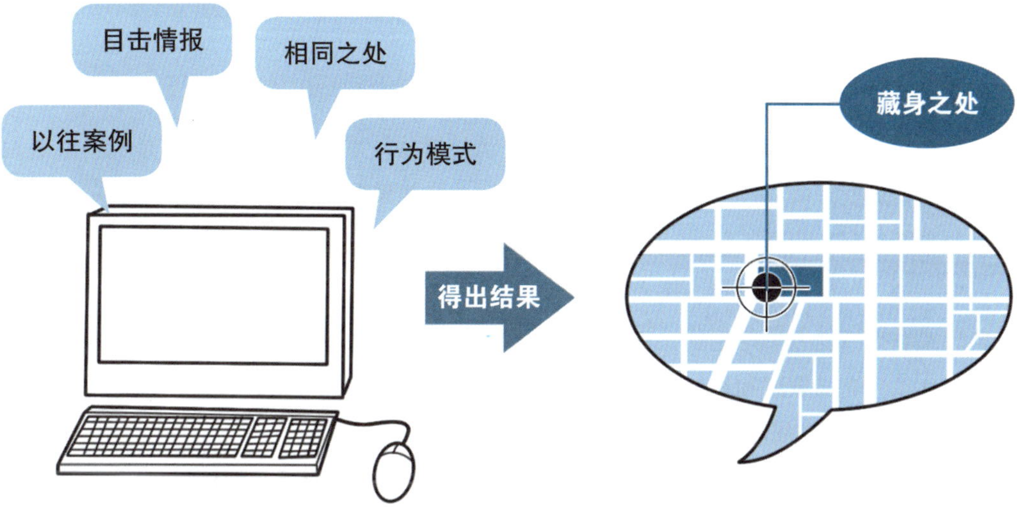

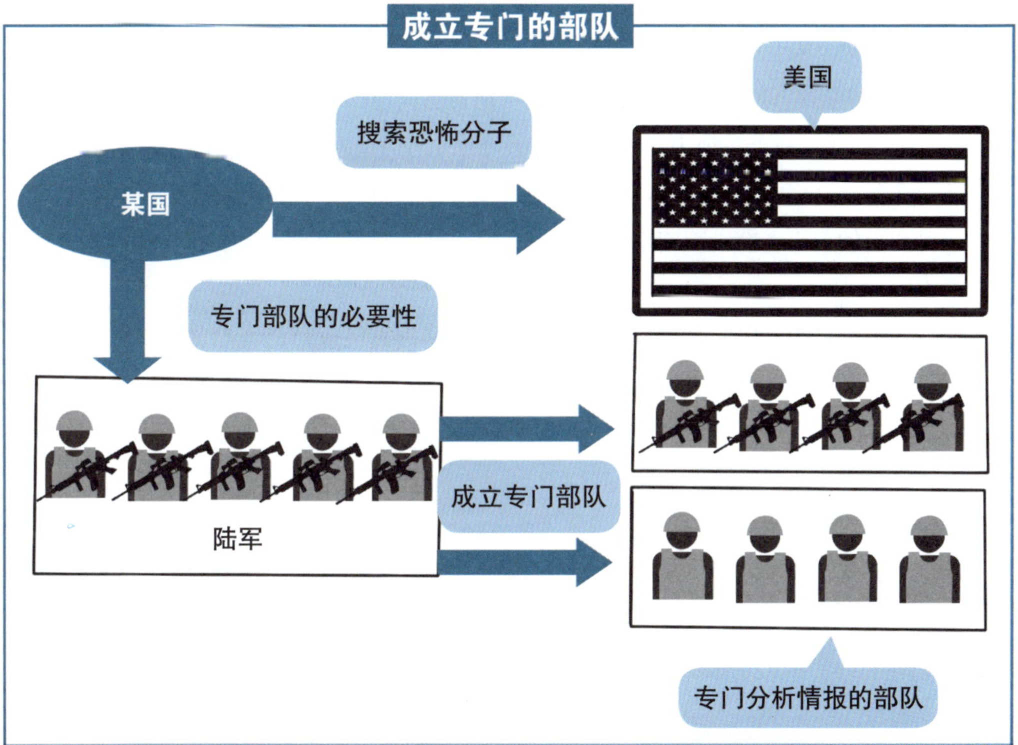

从既有的部队中分离出部分人，专门从事分析情报的工作。

No.015 语言在战争中的重要作用

现代战争中，战后重建也属于战争的一部分，如果无法得到当地人的信任，重建工作根本无法开展。

语言比武器的作用更大，善于沟通才能赢得信赖

将高科技的武器和强大的兵力投入战争，虽然能从军事上取得胜利，但是有一点是无法战胜的，那就是民心。没有赢得民心的战争，无论战果多么辉煌，都难言胜利。

如果无法赢得当地人民的信任，就算是勉强占领，也只会被当作侵略者。即使是打着“自由”和“解放”的口号，换来的依旧是当地人民的憎恨和厌恶。

想要取得当地人民的信任，首要的任务就是了解他们的语言和文化。如果不能对脚下的土地和人民充满敬意和理解，根本不可能深入沟通，哪有信任可言?

美军先后发动阿富汗战争和伊拉克战争，纯粹的军事胜利并不足以令美军从战争的泥潭中拔出腿来。阿富汗使用的是达利语和普什图语，伊拉克使用的是阿拉伯语和库尔德语，这两个地区的通用语言都不是英语。

语言的不同，加上地区文化、宗教的差异，各种因素纠缠在一起，双方很难进行沟通。如果不能理解相互之间的文化差异，而是强行把自己的意愿加在当地人民头上，无论之前的各种行动是为何，都会被视为侵略。越是如此下去，与当地人民产生的误会和冲突就越深。

比如在警戒过程中，如果发现当地人靠近基地或者防线，若是无法进行语言沟通，很可能会将其当做袭击者射杀。而事实上，对方靠近或许只是为了表达友好或者想要进行交流而已。

现在各国军队中，大多都已经开始培养具有和异国人民进行语言和文化交流的专门部队。在美军中，这种任务主要是由特种部队与民事部队负责。

陆军作战的真正胜利

如果无法和当地人民建立起互相信赖的关系，真正的胜利无从谈起。

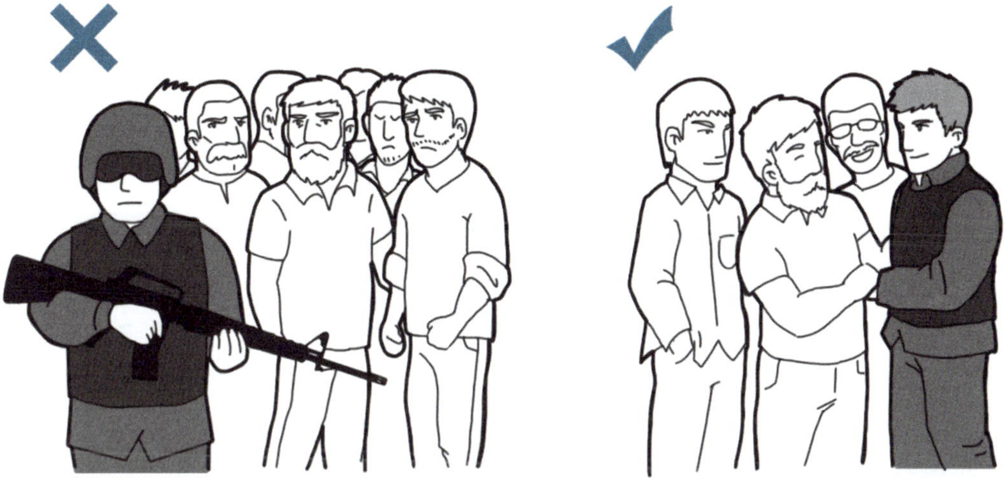

语言、文化、宗教等因素牵扯在一起

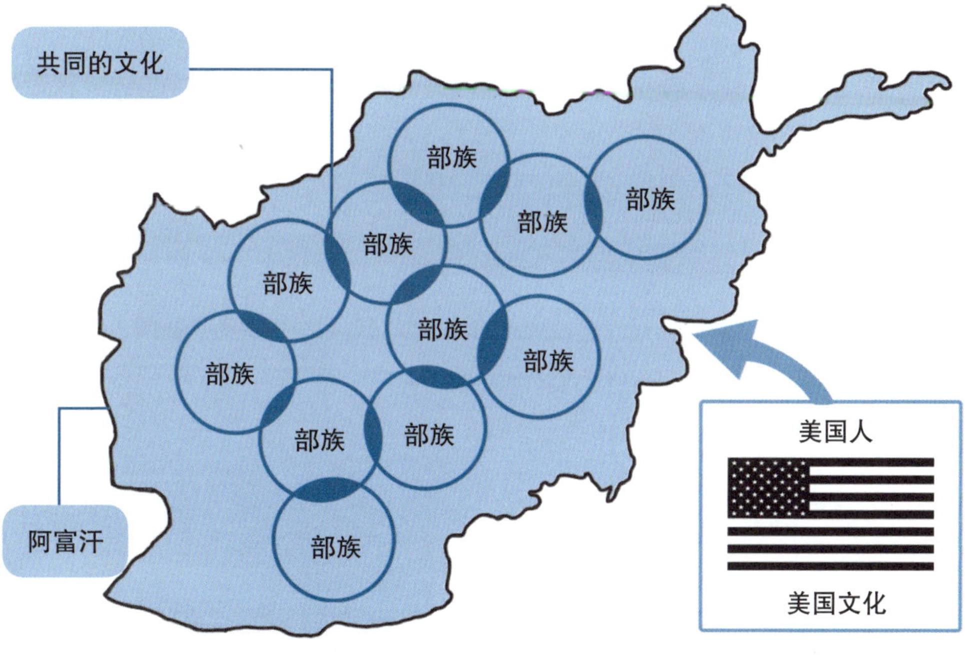

由于地域、语言、文化、宗教等方面的差异，实际情况非常复杂。

No.016 便宜好用的保安公司

战后负责维持地方治安的组织，除了军队，还可以委托民间的保安公司负责。

战争地区频繁活动，填补军方力量“空白”

军队维持地方治安与和平需要的经费十分庞大，如果不是出于石油以及其他资源的利益或者政治上的利益，很少有国家愿意出兵卷入他国的战争当中。

姑且先不深究其更深层的政治经济目的，单单是战争的花费都是非常惊人的数额。

一旦所派的军队死伤超出了国内民众的承受能力，必然会引起国内反战情绪的高涨，媒体、退伍士兵、士兵家属等都会对战争的目的产生怀疑。

以美国出兵阿富汗和伊拉克这两次战争来说，军队的首要作战目的就是消灭对美国构成威胁的恐怖分子和萨达姆政权。之后的重建工作，则是美国发动战争的利益核心。虽说是打着联合国维护和平与人权的旗号，但是，归根结底依然是美国基于自己国家利益的行动。

在重建过程中，军队只是参与重建的一部分力量，除此之外，还需要有大量企业、工人等非政府组织。他们并没有军事力量保护，因此必须要想办法保障自身的安全。

对于非政府组织而言，要保障安全只有雇用当地保镖或者委托专门的雇佣兵与保安公司，后者是比较常见的一种方式。保安公司的成员大多都有军方任职的经历，其中一些甚至是退役的特种部队队员。他们主要负责担任一些军方无法或者不适合去完成的任务。

保安公司活动的范围并不局限于阿富汗和伊拉克，世界上许多国家和地区都有他们的身影，尤其是在非洲。

世界上最大的雇佣兵和保安公司是美国的黑水保安公司，俄罗斯、法国、南非以及北欧一些国家也有许多保安公司在战争地区频繁活动。

出兵是为了国家利益

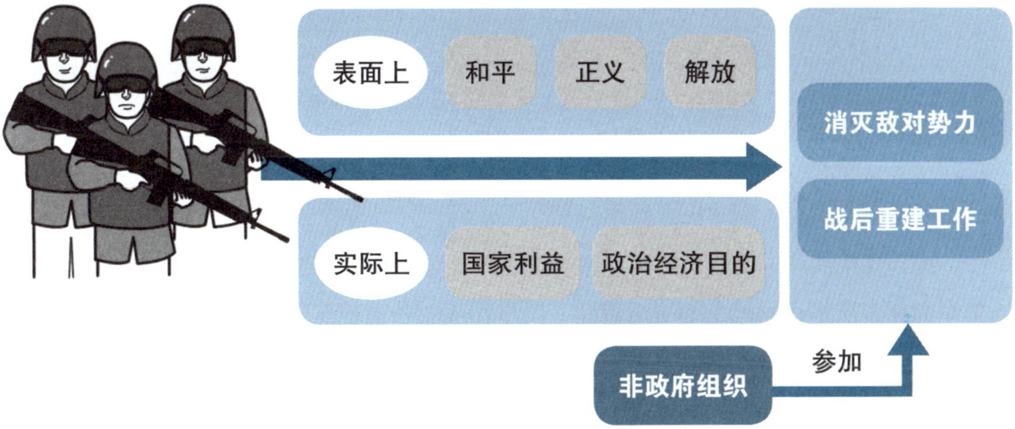

非政府组织的安保问题

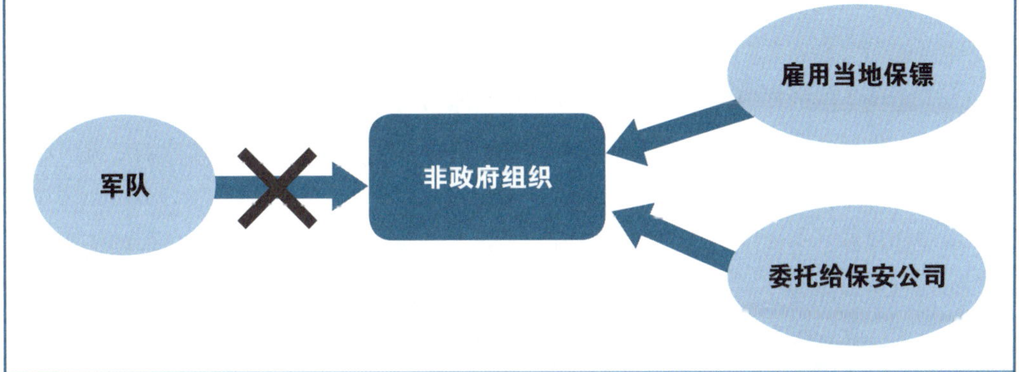

真正从事重建工作的多是企业等非政府组织，他们只能雇佣当地保镖或者把安保问题交给保安公司。

保安公司

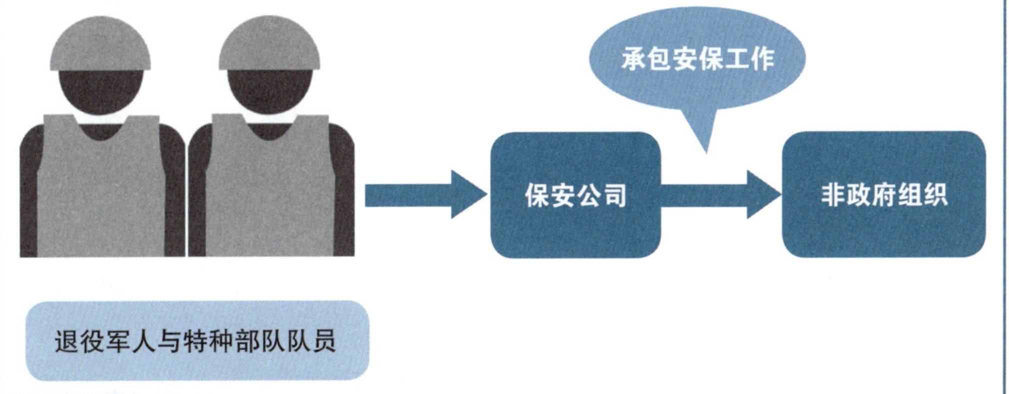

No.017 部队被派遣在外的时间有多长

派遣在外的军队职能不同，时间长短也不一。一些特种部队因为任务的原因，常常需要驻外一年左右。

根据任务来决定，但长期驻扎成趋势

一提到现代战场，我们首先就会想到常常被新闻提及的阿富汗和伊拉克。也正是因此，以美军为代表所进行的战争和战后重建、民事作战对各国现代陆战战术具有非常重要的现实意义。

战后重建牵扯的各种关系比战争本身更为复杂。在阿富汗和伊拉克这两个地区，语言、文化、民族、宗教信仰都是重建过程中不得不考虑的重要因素。因此，在进行重建的时候，尤其要考虑到不同民族、不同宗教信仰之间的文化差异。否则，不仅重建工作无法开展，甚至还可能会引发冲突。

为了避免类似的冲突发生，需要有长期在当地活动、了解当地文化的特种部队或者专门从事民事作战的部队。如果在短期内频繁更换这些部队的成员的话，造成的冲突事件必然会增加，最终导致士兵与当地人之间冲突不断。

士兵驻扎在某个地区以后，适应当地生活就需要数个月，加上要了解当地的语言和文化，并与当地人民建立起相互信任的关系，是一个比较长期的过程。一旦与当地人建立起友好的关系，还需要长期交流来维持。士兵与当地人越不熟悉，信任的关系就越脆弱，重建工作也会受到影响。

在与当地居民沟通时，很大程度上会受到当地的民族、语言、宗教等因素的影响。二战结束后，盟军曾占领日本，但是因为日本是单一民族、单一语言的国家，重建工作的开展要顺利许多。阿富汗和伊拉克则因为民族、语言等因素阻碍了重建工作的进程。

因此，现在的作战部队和特种部队在占领地都有一种长期驻扎的趋势，这样虽然对重建工作有利，但是对士兵而言，所要承受的压力也更大。

日本与阿富汗、伊拉克不同

日本的社会构成与阿富汗、伊拉克有着很大区别

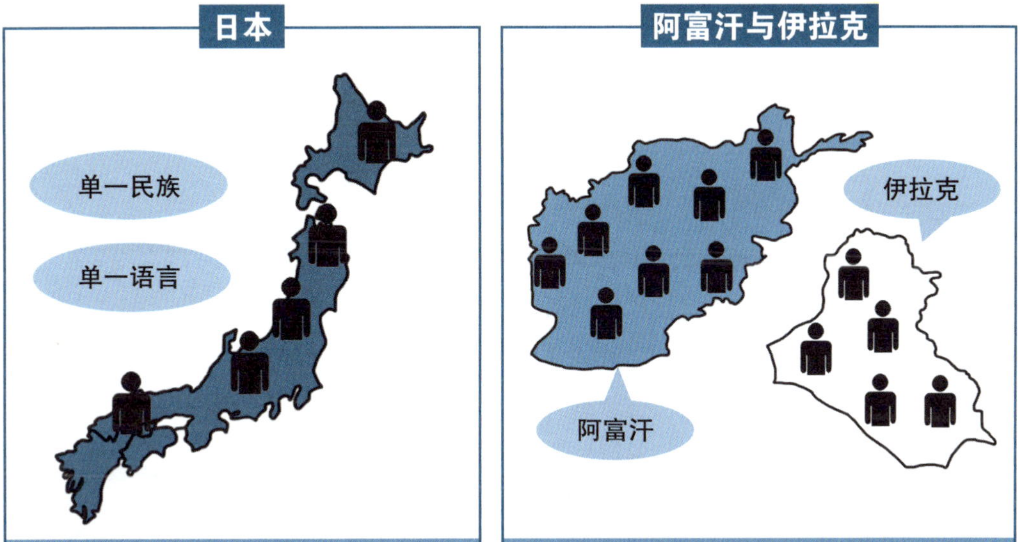

日本	阿富汗与伊拉克
各地文化和宗教统一，无需考虑过多的情况。	语言、文化、民族、宗教差异比较大。

派遣时间长短的优缺点

短期

- **优点** → 士兵承担的压力比较小
- **缺点** → 无法与当地人充分建立相互信任的关系

长期

- **优点** → 能够与当地人充分建立相互信任的关系
- **缺点** → 士兵的压力长期累积

专题：现代陆战中的民事作战

以前的陆战都是以派遣军队歼灭敌方军事力量为首要目标，两次世界大战以及二战后的多次战争在本质上都是如此。

当时的战争中，战胜一方并没有义务处理占领地的后续问题。战胜国往往会趁此机会相互争夺利益关系，战败国的民意往往被抛之脑后。

随后的冷战期间，世界各地民族独立运动高涨，这一时期，一些大国为了自己的利益对小国肆意压制。这种压制造成了长期的游击战或者地区内战。

鉴于以前陆战模式所产生的恶性循环，新的战略战术的采用势在必行，以美军的民事作战为代表的现代陆战战术受到了广泛推崇。这种战术是在考虑到政治、经济、教育、舆论等各方面因素以及战后处理与重建的前提下，进行军事作战。

冷战结束以后，资本主义阵营与社会主义阵营的对峙也就此结束。世界各地冲突基本都是源于人种、民族、宗教、文化差异等几种原因。

在此类战争中，不能带着敌国的想法作战。阿富汗战争和伊拉克战争就是典型。美军所面临的敌人不是两国人民或者政府，而是可能来自许多国家地区的武装分子。在这种情况下，如果想要顺利赢得战争的胜利，民意是必须利用的因素。为了争取民意而进行的民事作战，自然是美军所极为提倡的一种战术。

第二章
军事战略

No.018 军事行动前的战略谋划

战略是能够改变战争走向的作战策略，第二次世界大战中诺曼底登陆就是战略意义的作战。

能够改变战争态势的决策

二战中，盟军确定了解放被德军占领的法国这个目标以后，通过了多方作战，分散德军兵力，夺回法国，开辟第二战场的作战计划。

这一计划就是著名的诺曼底登陆。这次作战是迄今为止人类历史上最大规模的一次登陆作战，也是战争史上最有影响的登陆战役之一。将近三百万军队通过英吉利海峡，开辟了反法西斯作战的第二战场。

在登陆前夕，盟军先后展开了“坚毅行动”和“齐柏林行动”扰乱德军，使德军误判登陆地点，为诺曼底登陆创造了时机。

登陆作战开始以后，德军虽然拼命抵抗，但是在盟军海陆空的立体攻势下，显得力不从心。盟军强势登陆，构筑起了解放欧洲的桥头堡。

要让具有如此重大意义的战略性计划付诸实施，光拟定计划是远远不够的，要根据计划方案，配置足够的军队、武器装备以及能够协调指挥的指挥系统才行。

此外，在拟定作战计划的时候还要将敌人的应对以及对平民的影响、造成的伤害等都考虑在内。例如盟军在登陆之前，就有事先评估过德军的战斗力，对将要遇到的抵抗提前做好了应对准备。

当然，有一些战争往往会出乎计划拟定者的意料。20 世纪 50 年代和 60 年代，美军先后介入朝鲜战争和越南战争，但最终的结果却并非他们设想的那样。从战略角度来看，美国发动的阿富汗战争和伊拉克战争也是如此，战争难度以及战争的结果都偏离了他们的预期。

也就是说，即使制定了十分完善的战略，若是对其他因素考虑不足的话，军事行动仍然很可能失败。

诺曼底登陆

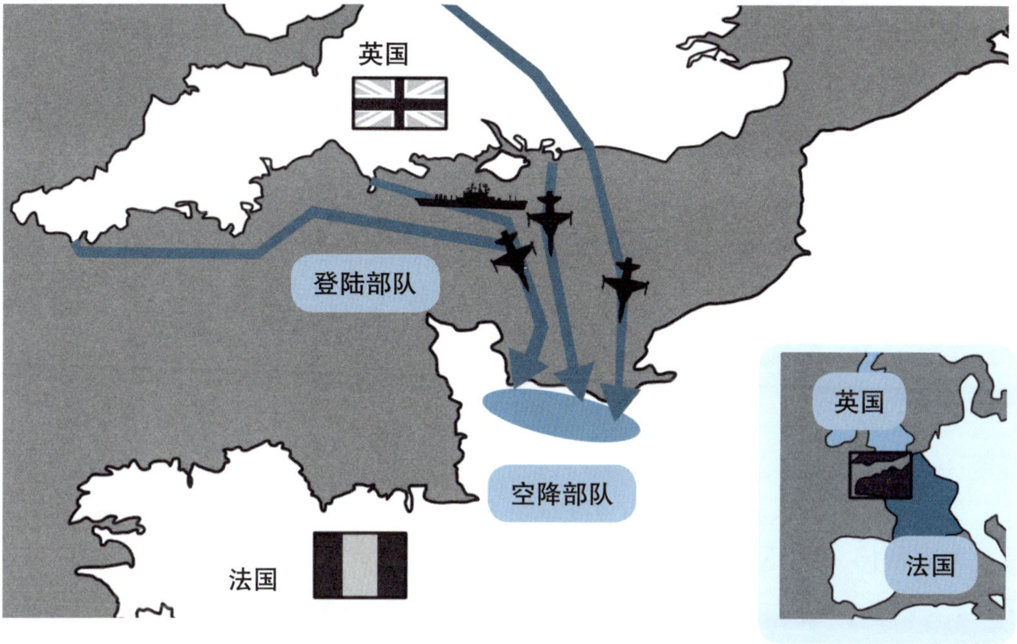

战略计划不一定就能成功

失败的战略

仅仅拟定战略，其他方面准备不足的话，很难取得成功。

成功的战略

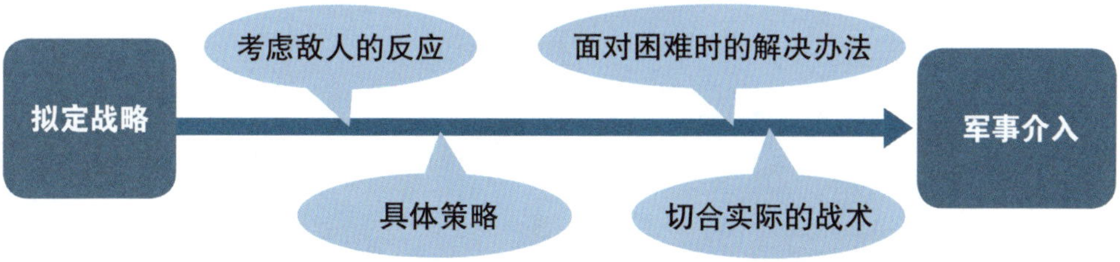

事先对敌人的各种反应做好充分的应对准备，才能取得成功。

No.019 军事战略是最后的选择

战争只是一种手段，如果还有其他的策略可以选择，无需诉诸战争来解决。

战争也是外交手段，用兵之前会全面收集情报和做出预判

阿富汗战争和伊拉克战争中，美军的最高指挥部门是白宫。白宫是美国国家安全委员会主席与美军最高司令官——总统的所在地。

往下一级，国防部长是美国政府内阁成员之一，领导国防部。具体的军事作战战略是由国防部下属的参谋长联席会议制定，部署于世界各地的美军都是在这些战略的指导下行动的。

正常情况下，外交战略要优先于军事战略。国防部不能轻易做出进行军事行动的决定。

无论是外交战略还是军事战略，所有的决策都是围绕国家利益进行的。即使是某个势力对美国构成了威胁，美国也会先通过其国务院以及外交部遵循外交战略解决，军事战略不过是备选项之一而已。

在拟定军事战略的时候，首先要通过各部门全面收集敌对国家、地区、政治、军事、经济、民心等情报，分析其语言、文化、舆论倾向以及其周边国家动向、可能的影响等，对战争的结果做出预判。

但是，无论多么缜密的作战战略，都不意味着一定能够取得战争的胜利。虽然出兵的一方常常会打着“人权”或者“自由”等正义的旗号，但是对于对方国家而言，他们始终都是“外来者”，甚至会被定义为“侵略者”。

白宫除了参考国防部的意见，更多的是通过其他情报机关的建议来判断如何做出国家战略。美国负责重要战略情报的部门是中央情报局，他们会时时搜集世界各国的动态，向白宫递交报告书。

美国战略规划的系统

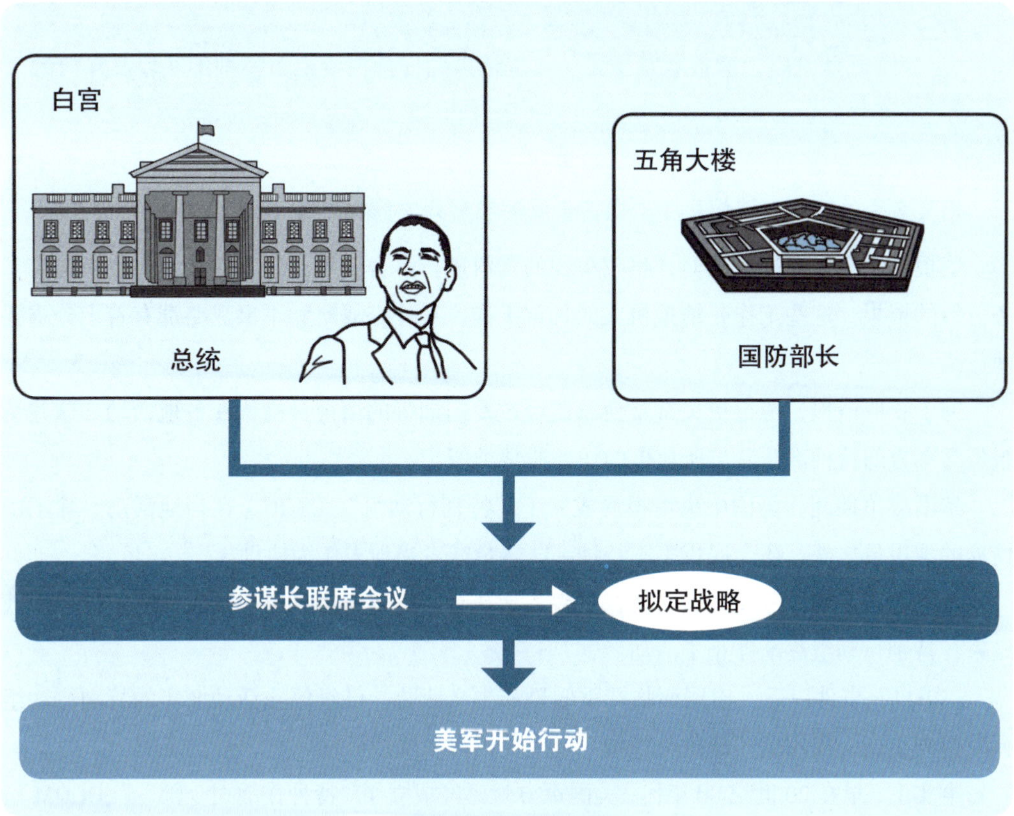

如何制定战略

No.020 情报机关和军方的作用

战略规划阶段，情报非常重要。收集情报的任务主要是由特种部队以及专门的情报机关负责。

相互竞争的军方和情报机关，白宫会同时参考双方意见

情报机关会根据战略动向，将收集到的资料进行整合分析，将其转换为对决策层有参考价值的情报。这些工作是情报机关的日常工作，对外交战略和军事战略都有着十分重要裨益。

为了获取情报，情报机关常常会派遣经过专门训练的情报员潜伏在各地活动。这些情报员与军方的特种部队队员所从事的任务非常类似。

越南战争期间，美国中央情报局成立了“特别行动组”（SOG）在当地活动。除了中情局的情报员之外，还会雇用美军特种部队队员或者当地人作为协助。

特别行动组在冷战期间，曾前往世界各地执行了许多机密任务。随着苏联解体，冷战结束，特别行动组逐渐停止了活动。

“9•11”事件以后，美国面临严重的恐怖主义威胁，已经停止活动 8 年的特别行动组再度得到重用，雇用了“绿色贝雷帽”以及美国海军陆战队的队员，重新组建。

事实上，早在 20 世纪 80 年代，美国军方就已经成立了“特种作战司令部”（SOCOM），军方建立了自己独立的情报网络，有大量特种部队队员被派遣在世界各地搜集情报。

既然如此，中情局为什么又要大动干戈地再度组建特别行动组来搜集情报呢？这和需要做出战略决策的白宫有关。

白宫会同时参考双方的情报和意见做出决定。这就导致了双方情报部门总是力争自己的情报准确无误，两者的竞争也使其情报搜集体系形成良性循环。

特别行动组（SOG）

曾经暂时停止活动的中情局特别行动组，在恐怖主义的威胁下重新复活。

越南战争时

成立 SOG

CIA 情报员　特种部队队员　当地人

→

冷战期间

在世界各地执行机密任务

↓

冷战结束后

停止活动

↓

受到恐怖主义威胁

绿色贝雷帽　海军陆战队　CIA 情报员

重新成立

美军特种作战司令部和中情局特别行动组

美军特种作战司令部（SOCOM）

竞争 ↔

中情局特别行动组（SOG）

情报 → 白宫 ← 情报

双方在情报品质上相互竞争

No.021 战略情报的提供者

情报是制定战略性规划必不可少的依据，这些情报一方面来自情报员，一方面来自当地的一些提供者。

对获得的情报要进行非常慎重的筛选和甄别

战争中，常常有一些人专门贩卖情报。这些人可能是在当地生活，对当地十分熟悉的居民，为了报酬而泄露情报；也可能是敌对组织中出现的叛徒，泄露组织的机密。

无论是军方的特种部队还是专门的情报机关，都非常重视这些人手中的情报。毕竟想要派遣情报员潜入敌对组织中收集情报的难度要大很多。

在挑选情报提供者的时候，往往需要十分谨慎。除了确认他们的真实身份以外，更重要的是分析他们提供情报的动机和目的。

比如他们为什么会提供情报给敌对的一方？他的生命乃至家人的生命都可能会因此陷入危机当中，是什么原因促使他冒着如此的风险来提供情报的？

同时还要考虑情报的价值。情报的可信程度与其提供者的动机和目的有着莫大的关系。因此，情报人员要对情报的提供者进行非常慎重的调查。

一般而言，会主动提供情报的动机不外乎以下几种。

首先，是金钱利益。这种人很容易为金钱所动，轻易就会将情报泄露给任何一方。在获取他们情报的同时，也就意味着他们可能会将自己的情报泄露给别人。

其次，受某种理念的推动。爱国心、思想倾向、对政治或者社会不满……这类人提供的情报要可靠得多。

还有一种情况要尤其注意，有时敌方会派遣间谍假意提供情报，而假情报带来的影响甚至可能是战略层面的。

分析其提供情报的动机，吸收其中可靠的人作为长期的情报提供者。这是特种部队和情报机关常常使用的方法，因为情报是进行战略规划时不可或缺的资源。

情报的提供者

情报的提供者有各种背景

情报提供者的动机

选择情报的时候，最需要注意的就是他们的动机。

No.022 作战计划是战略的基本内容

我们所能看到的战争往往是陆军各个兵种发起攻击的场面，但是在他们行动之前的作战计划，才是贯穿整个战争的核心。

战略由作战目的决定，留在发射架上的核武器威慑作用最大

战略和战术是常常被混淆的两个概念，简单来说，战略是指整个作战的大方向，是军事力量的全面规划、部署和运用，而战术则是为了达成战略而实行的手段。

比如新闻或者报纸常常会提到，核武器可以分为战略核武器和战术核武器。同样是核武器，战略核武器和战术核武器有什么区别呢？战略核武器是用来攻击敌人战略目标或者保卫己方战略要地的核武器的总称。一般是洲际弹道核导弹、携带核导弹的远程战略轰炸机等。

战术核武器则是直接支援己方海陆空作战，打击敌方军事目标的核武器，主要包括近程核导弹、反潜核导弹、核深水炸弹等。

战略核武器的目标主要是敌方重要的国防设施或者工业设施等，而战术核武器的目标则主要是与己方作战的敌方军队。

虽说是如此划分，但是核武器的破坏规模实在是过于庞大，在现实中并不那么容易区分。无论是战略核武器还是战术核武器，其最重要的意义是进行核威慑，作为谈判的重要筹码，而并非是真正用作攻击。

当战略层次的政策被拟定以后，就要考虑其实行方式。比如，1981 年，以色列空军对伊拉克核电站进行轰炸的事件，就是以战略眼光，从战术层面打击的典型例子。此事虽然令以色列受到国际社会指责，但是从长远来看，以色列受益匪浅。

近年来恐怖主义盛行，反恐成为许多国家出兵他国的名义，这又何尝不是战略意义上的战术计划呢？

战略核武器和战术核武器

战略核武器是用来攻击敌人战略目标或者保卫己方战略要地的核武器的总称；战术核武器则是直接支援己方海陆空作战，打击敌方军事目标的核武器。

战略核武器

洲际弹道核导弹

战术核武器

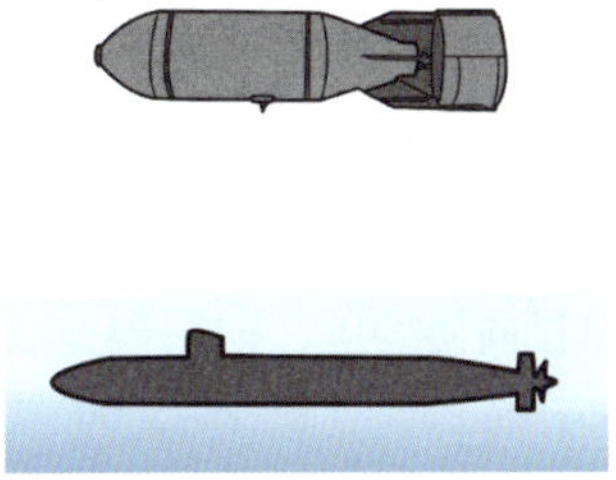

核深水炸弹

两者都会带来超乎想象的破坏力

以色列轰炸伊拉克核电厂

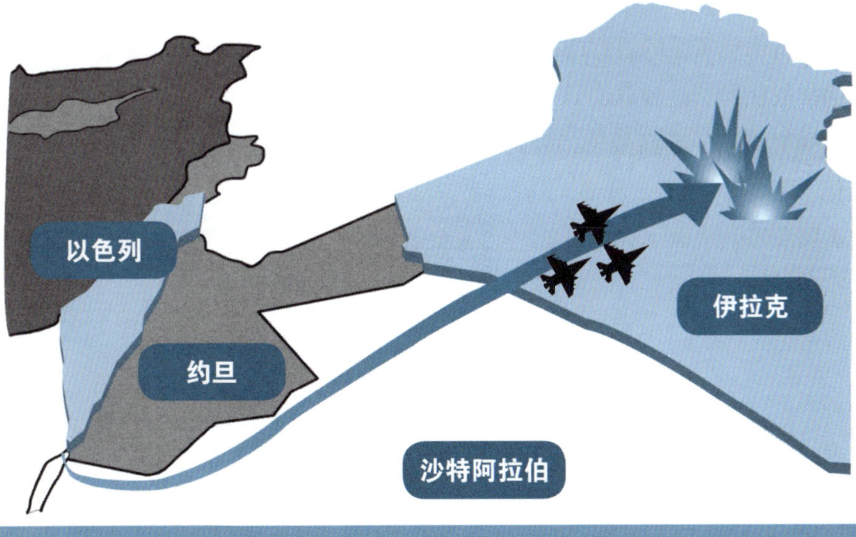

以色列为维持自己在中东的军事优势，一直把伊拉克的核设施视为眼中钉，千方百计地进行破坏。

No.023 根据时势而变化的军事战略

从19世纪末开始，战争形态日益多样化。作战的战略战术也必须配合作战对象、武器装备、战场类型不断改变。

以未来眼光做好准备，做到未雨绸缪

1914年，第一次世界大战爆发。随后的几年中，世界上大多数国家都卷入了这场战争。一战的主要战场是在欧洲，陆战是当时战争的主要形式。

北洋政府统治下的中国，也是一战的一个缩影。为了获取德国在中国山东的权益，日本在一战里投向协约国，向德国宣战，出兵中国山东。战后，日本凭借这个资本得到了太平洋诸岛的托管权。

此时，大洋彼岸的美国从日本的动作中感到了危险，美军在太平洋上的战略优势受到了日本的威胁。

最早认为日本会威胁到美国的是美国海军的精锐部队——海军陆战队。他们甚至很快就拟定出了新的战略，为未来在太平洋与日本的战争做好了准备，提出了“从海洋向陆地攻击”的战略构想。

这一构想在第二次世界大战中得到了实践。日军偷袭珍珠港以后，太平洋战争爆发。美军正是以这一战略构想为指导，海陆并进，以海战争夺岛屿，逐步逼向日本本土，最终占领日本。

在这一战略构想实施的过程中，核武器的登场是预料之外的因素。核武器的出现，改变了原本的作战计划，直接重创了日本。

之后的朝鲜战争、越南战争，直到21世纪的阿富汗战争和伊拉克战争，战争形态无时不在变化。

如同美国海军陆战队一样，随着时代的变化不断积累经验、调整战略、更新战术，世界各国的军队都同样跟随着时势的变化为未来战争做好准备。

太平洋战争中美国海军陆战队的战略

从海上向陆地攻击，逐步打败日本。

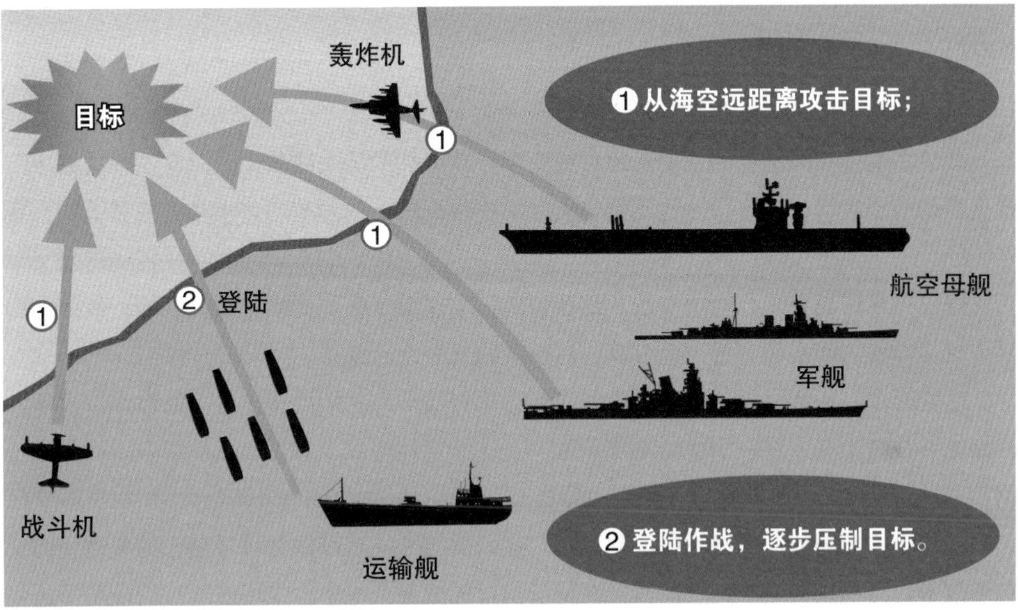

随着时势变化而改变的战略

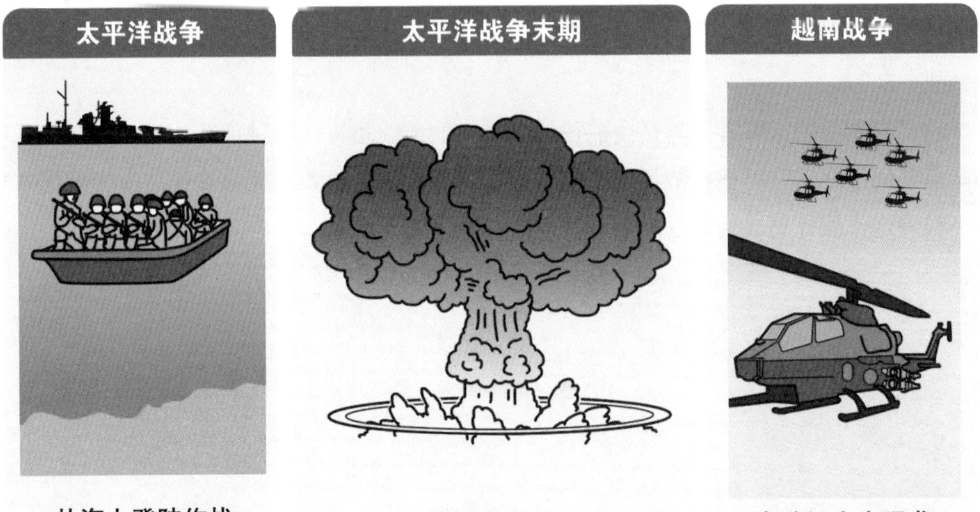

从海上登陆作战

原子弹

直升机空中强袭

随着作战对象、武器装备、战场类型不断改变，作战战略也必须随之变化。

No.024 指挥官的战略眼光与指挥能力

一般各国的军事指挥部门会根据各方情报制定相应的战略和计划，而有的部队指挥官则会亲自在前线根据实际情况现场调整作战计划。

根据实际情况制定，指挥官须亲临前线

战争是发生在战场上的，而不是作战室中。在以往的历次战争中，总有一些战略决策者坐在作战室空谈，拟定出一些不符合实际的作战战略，这种战略是很难被战场上的士兵接受的。

仅仅是在作战室中开会想办法，试图拟定一个完美至极的战略是不可能的，反而会贻误战机。即使战略不够完善，也可以通过相应的战术进行弥补。

这就要求，指挥官必须要到战争前线亲自指挥战斗，才能发挥出最大的作用。这样一方面能够鼓舞士气，另一个更为重要的方面是在制定战略战术时可以更加切合实际作战情况。

二战中，美国陆军的巴顿将军曾说："最好的战术甚至可以补救最糟糕的战略，而糟糕的战术也可以破坏最好的战略。"在他所指挥的战役战斗中，也用实际行动证明了这句话。指挥官越是清楚战场的实际情况，越能及时对战略的不足之处进行补救。

巴顿将军提倡的战略理论在现代战场依然适用。比如在阿富汗战争和伊拉克战争中，两个战场都有扫荡恐怖分子的任务，但是因为战场环境的不同，就需要分别进行山地作战和巷战。

越是有能力的指挥官，越是会前往战火纷飞的前线指挥。特种部队的指挥官往往就会与队员共同战斗，及时根据战场情况制定或者改变战略。想要光凭坐在作战室中根据拿到的资料确定作战计划，是无法准确地制敌取胜的。

有能力的指挥官

有能力的指挥官不是坐在作战室中空谈指示，而是亲自到前线，根据实际情况制定战略战术。

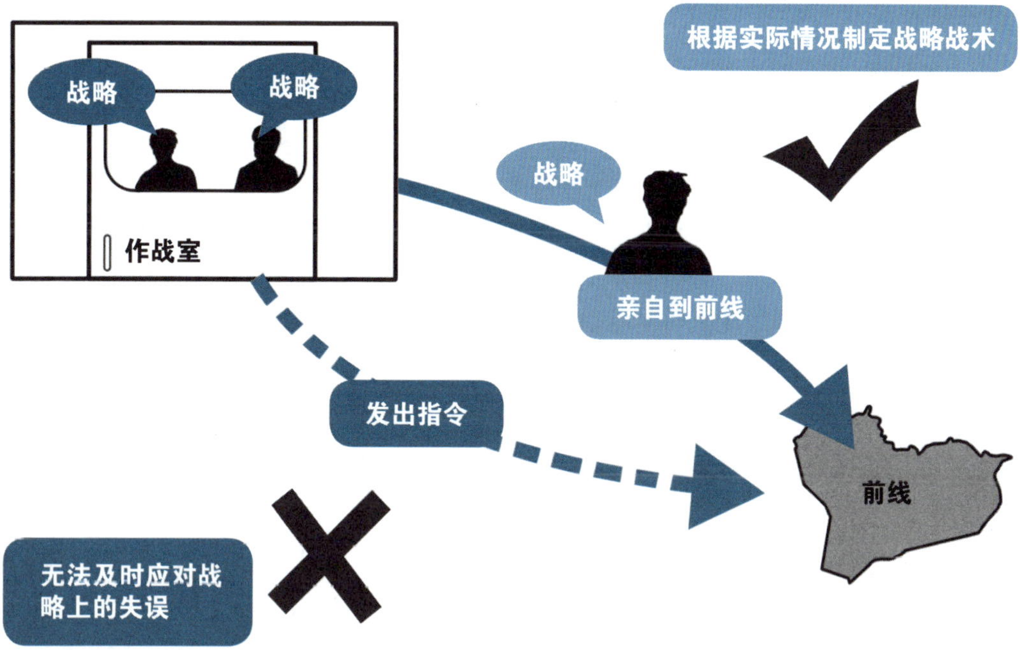

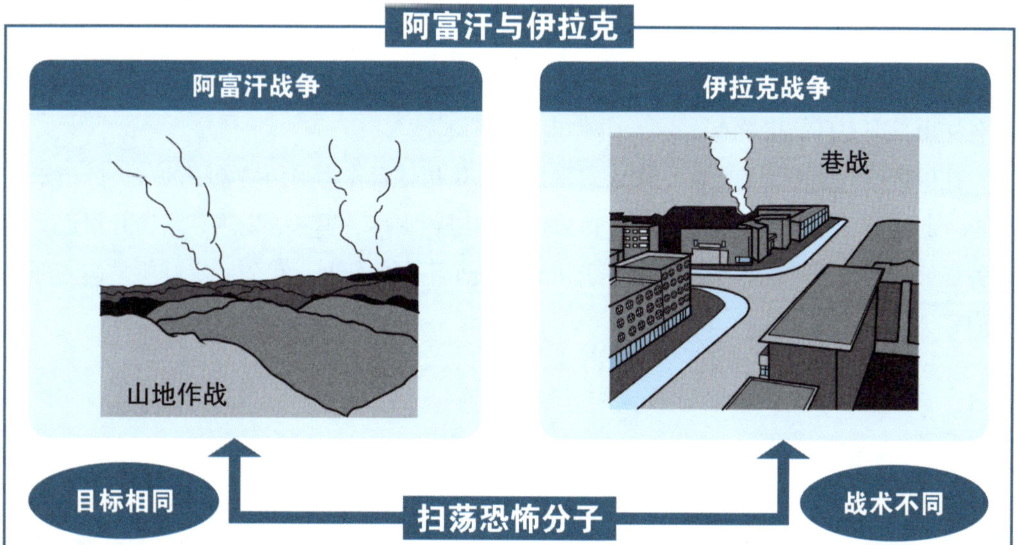

虽然目标相同，但是战斗方式不一样。如果不知道战场的实际情况而空谈战略，只会导致失败。

No.025 军事战略与外交战略

军事战略被包含在外交战略中。比如美国会为了自己的安全，对一些试图拥有大规模杀伤性武器的国家进行制裁，甚至不惜发动战争。

让军事战略合法化，做到“师出有名”

在国与国的交流交往过程中，各国会根据自身的实际情况选择相应的战略。一般是以外交战略为主，但是军事战略也是必要的备选项。外交战略还包括经济战略、心理战略等。

外交战略是各国在某一段时间内，以维护本国利益为出发点，而制定的方针路线，主要包括政治、经济、文化、民族等各方面关系到本国生存发展的战略。

军事战略主要指筹划和指导战争全局的方略。军事战略按作战类型和性质，分为进攻战略和防御战略。

19 世纪末 20 世纪初，英、法、德等国争夺霸权基本都是围绕被称为“欧洲火药桶”的巴尔干半岛所进行的，战略方向也是如此。最终，第一次世界大战正是由这一地区的冲突所引起的。

第二次世界大战时，德、意、日法西斯阴谋瓜分世界，向周边各国发动侵略战争。二战结束以后，整个世界以资本主义阵营和社会主义阵营的冷战为主要趋势。同时，二战后石油等资源成为具有战略意义的能源，盛产石油的中东地区也因此成为世界各国利益的节点。

“9•11”事件以后，恐怖主义成为世界各国共同面临的问题。美军先后以“反恐作战”为名义出兵阿富汗与伊拉克。

在伊拉克战争中，美军的“嵌入式采访”（是指记者作为采访对象中的一员，与采访对象一起生活、学习、工作和战斗，对采访对象进行观察、思考、发现、采访并报道）是一种很好的心理战略。为了避免记者采访到对美军不利的新闻，事先会定好所采访的部队和内容。

军事战略是外交战略之一

军事战略包含于外交战略之中，是外交战略的最后手段。

外交战略

- 经济战略
- 心理战略
- 军事战略

嵌入式采访

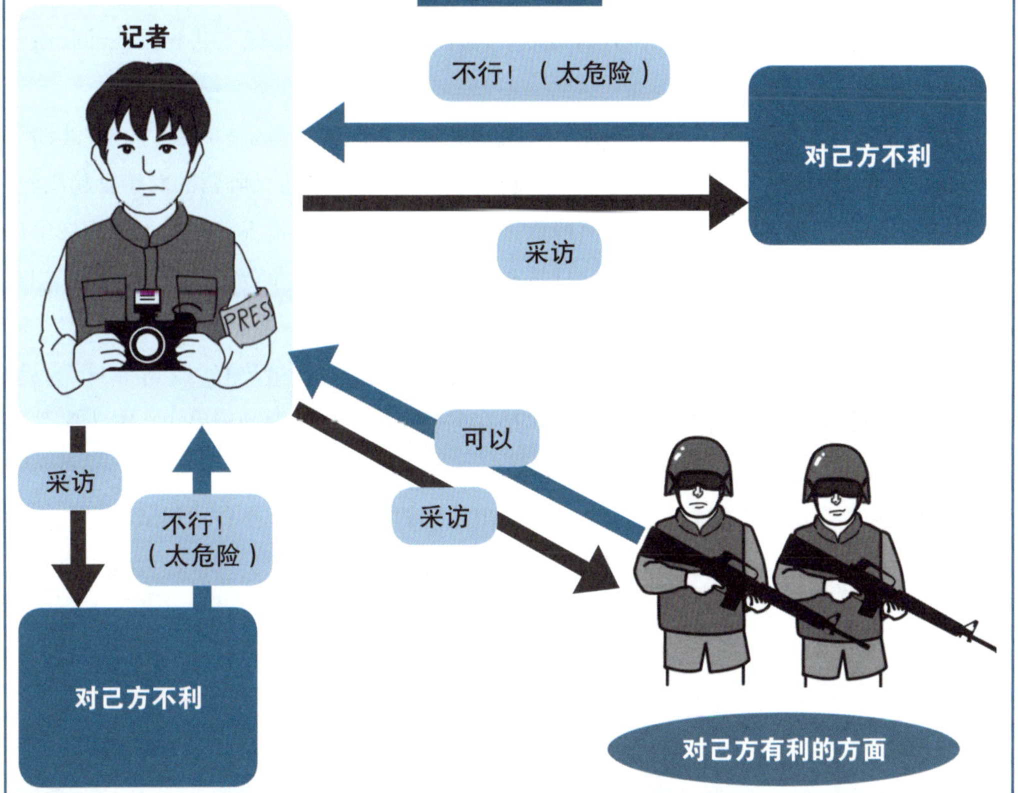

考虑到媒体会对大众起到舆论导向的作用，因此美军在记者采访的时候会避免让其了解到对自己不利的信息，而是会安排好采访的部队，将舆论导向对自己有利的方向。

No.026 史上最大的军事战略

二战中，占领德国以后，美国和苏联产生了巨大分歧，由于双方意识形态的不同，由此引发了将近半个世纪的冷战。

冷战就是“相互遏制却又不诉诸武力”的对抗

在《波茨坦协定》中，确定了关于战后处置德国的方式。但是后来由于苏美两国的分歧，导致最终出现了四国分区占领的局面。当时德国被美、英、法、苏四国占领，首都柏林也被分为西柏林和东柏林，分别由美、英、法和苏联统治。

由于东柏林位于苏占区，美、英、法想到达由他们统治的西柏林必须要经过苏占区。随着国际局势紧张，苏联切断了通往西柏林的道路，酿成“第一次柏林危机”。

1949 年 5 月，美、英、法控制区的制宪会议通过《德意志联邦共和国基本法》，德意志联邦共和国在美、英、法占领区宣告成立；同年 10 月，德意志民主共和国在苏联占领区诞生，德国正式一分为二。

此后，以美国和苏联为首，分别拉拢一些国家建立起了北大西洋公约组织（简称“北约”）和华沙条约组织（简称“华约”）两大组织，资本主义阵营和社会主义阵营的对峙日趋激烈。

在这一时期，双方虽然分歧和冲突严重，但都尽力避免导致世界范围的大规模战争爆发，其对抗通常通过局部代理人战争、科技和军备竞赛、外交竞争等方式进行，即“相互遏制，却又不诉诸武力”，因此称之为“冷战”。

在亚洲，日本战败以后，美、苏分别占领南朝鲜和北朝鲜并扶植政府。以北纬 38° 为界，以南是在美国帮助下建立的大韩民国，以北是在苏联帮助下建立的朝鲜民主主义人民共和国。双方最终爆发了武力冲突，即朝鲜战争。

包括后来的越南战争在内，美、苏多次擦出战争的火花，甚至都曾预想欧洲可能再次成为战场。但是，在全球和平与发展的主题下，并没有像人们想象的那样爆发第三次世界大战。

第一次柏林危机

柏林位于苏占区，由于苏联和西方国家关系紧张，封锁了通往西柏林的道路，酿成“第一次柏林危机”。

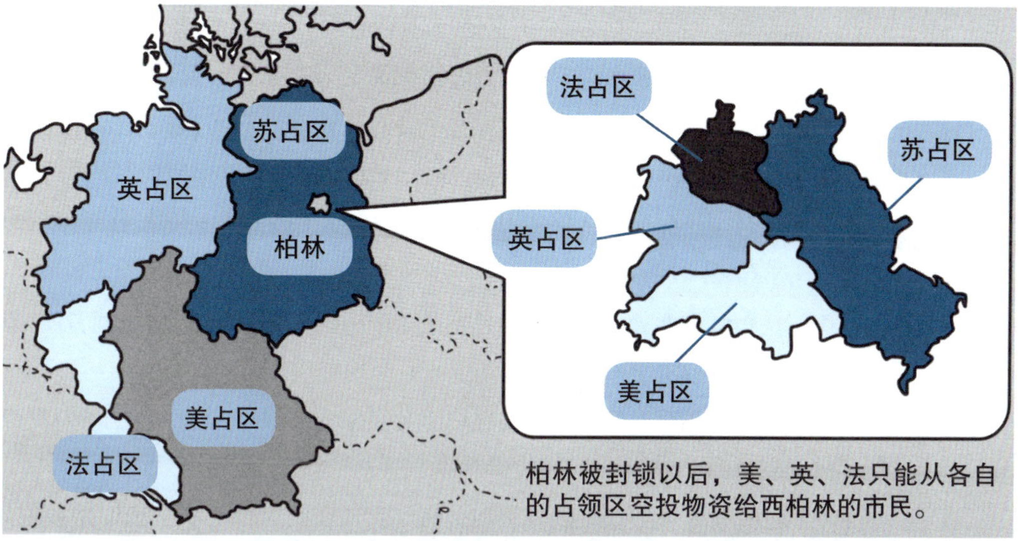

柏林被封锁以后，美、英、法只能从各自的占领区空投物资给西柏林的市民。

冷战

美苏之间的冷战，主要是相互遏制，偶尔也会爆发局部代理人战争。

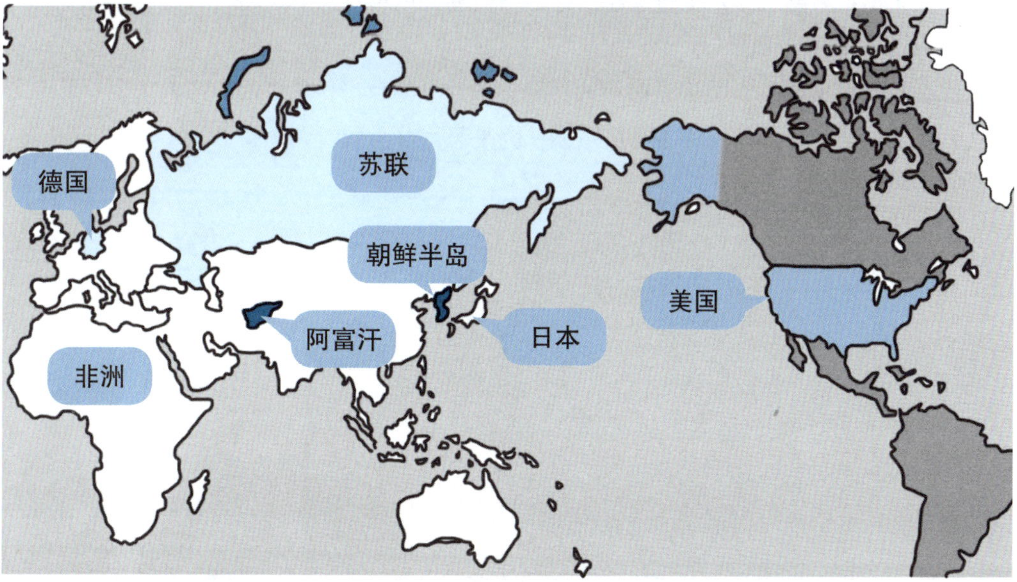

No.027 战场上的作战准则

即使是在战场上，双方敌对，也不意味着做什么都行，必须要受到国际准则的约束。

1
2
3
4
5

战争也是有准则的，但在实战中，其约束力往往有限

说到战争的准则，就不得不提《日内瓦公约》。《日内瓦公约》是1864年至1949年间在日内瓦缔结的关于战时保护平民和战争受难者的一系列国际公约的总称。

《日内瓦公约》对各国之间的战争行为有着明确的约束。比如不得攻击医院、学校、宗教设施，不得攻击平民……

这些准则在国际法中都有明确规定，即使是在战争中，也不是做什么都行。而且战争本身就是违反国际法的，只有自卫性战争或者防御权是被国际法认可的。

但是在实际的战争中，国际法规的约束力往往十分有限。二战时，德、日法西斯都曾在占领区进行了惨无人道的大屠杀。

近年的战争也依然如此，美军出兵伊拉克时，将“交战守则”印成卡片分发给士兵，但是起到的作用依然很有限。

作战初期，交战守则被执行得很彻底。美军士兵也都严格遵守着避免破坏非军事设施与严禁杀伤平民的规定。但是随着萨达姆政权的垮台，美军士兵面对的敌人不再是身穿军装的伊拉克正规军，而是视美军为侵略者的伊拉克平民或者某些恐怖组织。

如此一来，交战守则就不再适用了。美军所面临的敌人往往会隐藏在平民当中，活动的地点也以非军事设施为主。

这种状况使美军陷入了进退两难的窘境，因此开始攻击认为具有危险性的目标。这种方式往往会造成过度杀伤，许多平民被误认为是恐怖分子而遭到杀害。

战争的准则

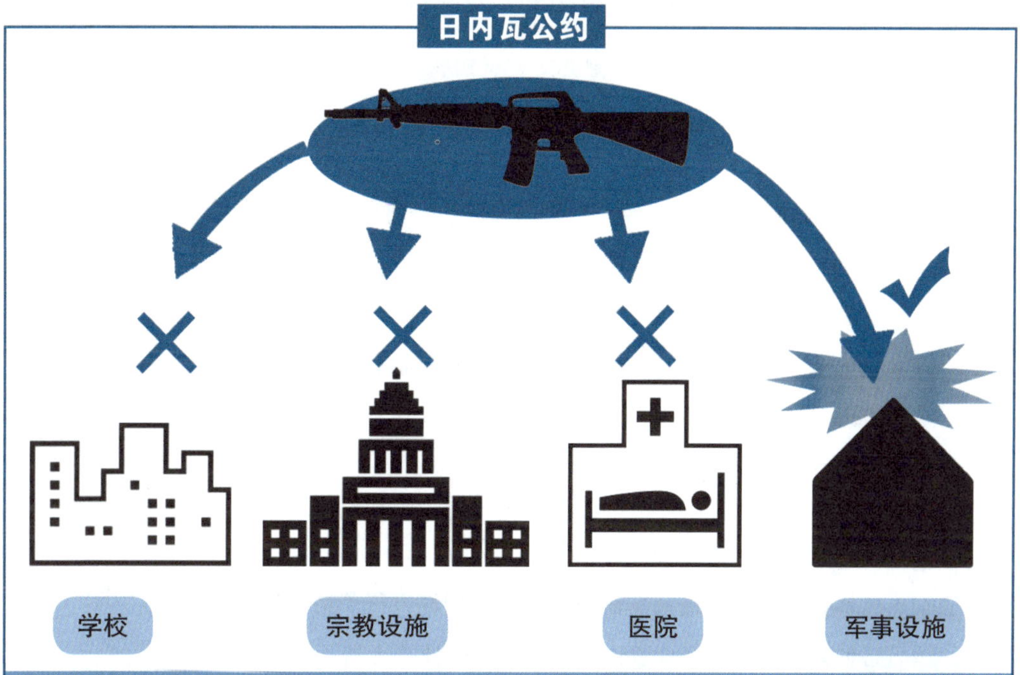

把军事设施和民用设施区分对待，禁止攻击学校、医院等。

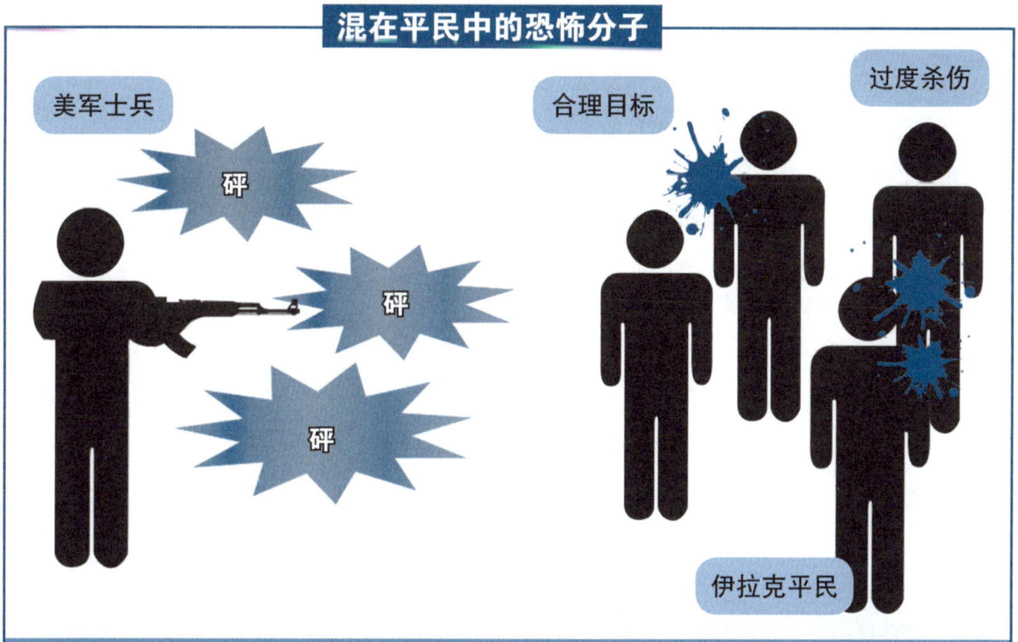

恐怖分子常常会混在平民中，许多平民被误认为是恐怖分子而遭到杀害。

No.028 扭曲的战争准则

在以往的战争中，交战双方都会声称是对方首先发起攻击的，以利用国际法将自己置于正义的一边。

利用国际法找“借口”，赋予自己军事行动的正当性

国际法所规定的战争准则，是世界各国都要普遍遵守的。如果有所违背，就要面临国际社会的谴责甚至是军事干预。

战争本身就是违反国际法的，但是为了保证各国的主权不受侵犯，自卫权和防御权是每个国家的自由。然而，正是因为有此项规定，交战双方往往会各执一词，指责对方才是战争的首先发起者。

二战时，德国为了将其入侵波兰的行为正当化，派遣伪装成波兰军队的德国士兵占领了自家电台，以此借口向波兰宣战并入侵波兰。

德军士兵不仅用波兰语播放反德言论，还对现场进行了精密的布署。让囚犯穿上波兰军服，然后将他们枪杀，伪装成袭击电台被击毙的波兰士兵。

朝鲜战争中，南北双方各执一词，指责是对方首先越过北纬 38° 线的，己方是出于自卫才发起攻击的，以此使自己的战争行为正当化、正义化。

越南战争的起因与德军入侵波兰如出一辙。美国宣称，北越的巡逻舰向美军驱逐舰发射了两枚鱼雷，并以此为借口轰炸北越。此次事件称为“北部湾事件”。但是 7 年以后曝出的真相证明，这一事件完全是美军自导自演的。

正是因为各国都受到国际公约的约束，无视准则发起战争的话会受到全世界的谴责。因此，许多国家便利用国际法这个漏洞，即使是发起战争的一方也会想尽办法将责任推卸在对方身上，以便赋予自己的军事行动正当性。

朝鲜战争与北纬 38° 线

双方各执一词，指责对方首先越过 38° 线。

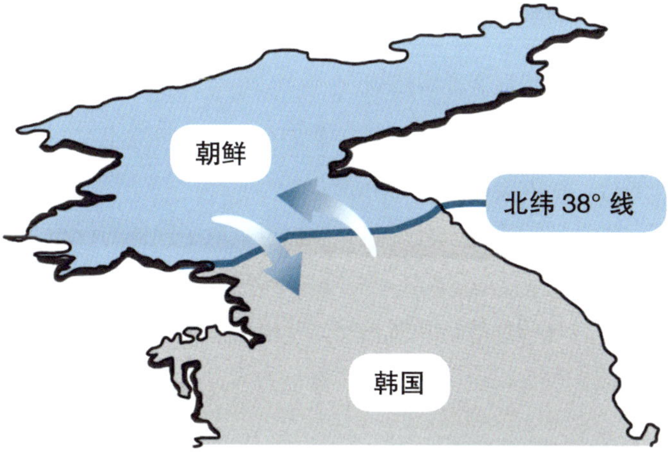

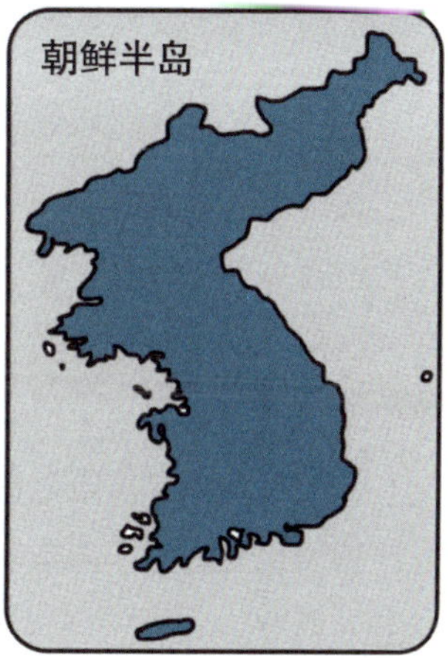

北部湾事件

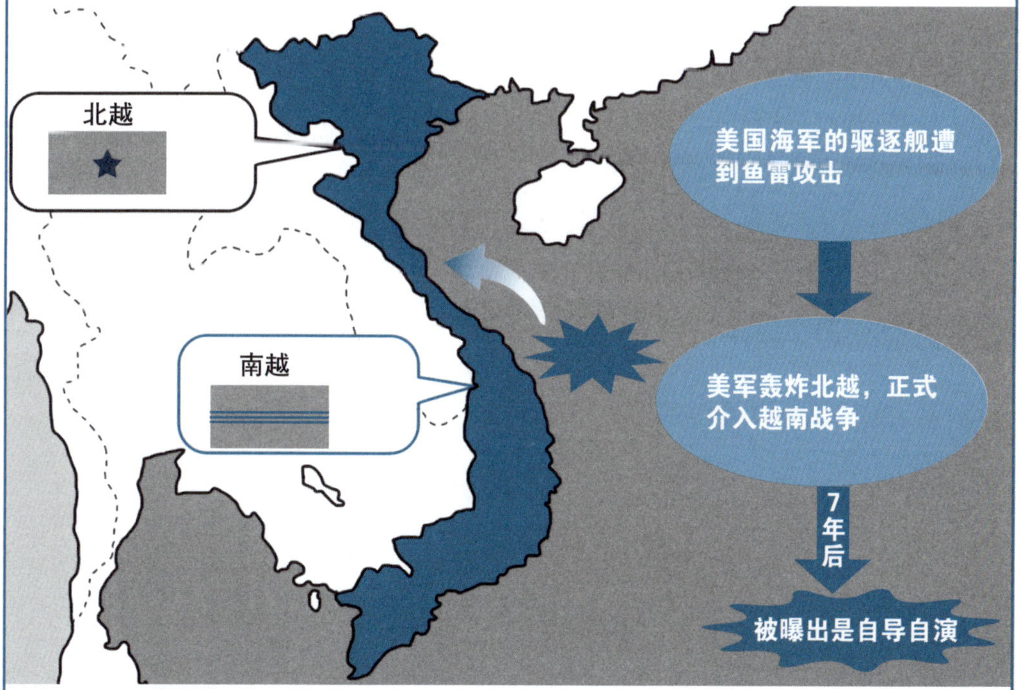

美国为了正当发动战争，而自导自演的一次袭击事件。

No.029 士兵口中的战场

士兵是战争的直接参与者，他们口中的战场才是最真实的。

需要面对常人无法想象的压力，老兵归来直言真实战场

1971 年，从越南战场回国的美军士兵召开了大规模集会，他们自称“冬季战士”，向社会坦露自己在战争中犯下的种种罪行，控诉美国介入越南战争。

这种反战集会被之后从阿富汗、伊拉克回来的士兵借鉴，他们也采取了同样的行动，发表战争感言。

许多没有被媒体报道的战争真相，被这些反战士兵所揭发。从他们口中，美军在对阿富汗和伊拉克进行军事占领时的人种歧视行为以及不人道的野蛮行为为世人所知，同样也令世人震惊。

在伊拉克战场上，美军对情报的管控十分严格。关于一些针对美军士兵的采访，甚至要经过美国国防部的许可才行。为了限制媒体的采访范围，军方会挑选可以用作宣传军方活动的部队供记者提问。从这些军队所获得的消息往往是对美军十分有利的。对军方不利的信息，经过重重管制，很难被记者了解到。

正是因为如此，媒体所了解到的战场和我们所知道的战场大多并非战场的本来面貌。

这些自称“冬季战士”的反战士兵们透露，记者在时和不在时的战斗行动是大不相同的。

军队在接受采访期间，所有士兵都被要求严格遵守交战守则卡上的内容。若是记者不在的时候，士兵甚至会同时带着突击步枪和铲子行动，在误杀平民以后将其伪装成恐怖分子或者直接掩埋就行了。

除了这些士兵所透露的内容，还有一些极其残忍的虐杀事件被公布在网络上，不得不令人怀疑，美军的准则在哪里？

士兵口中的战场才是真实的战场

从战场回来的反战士兵，讲述了真实战场的可怕。

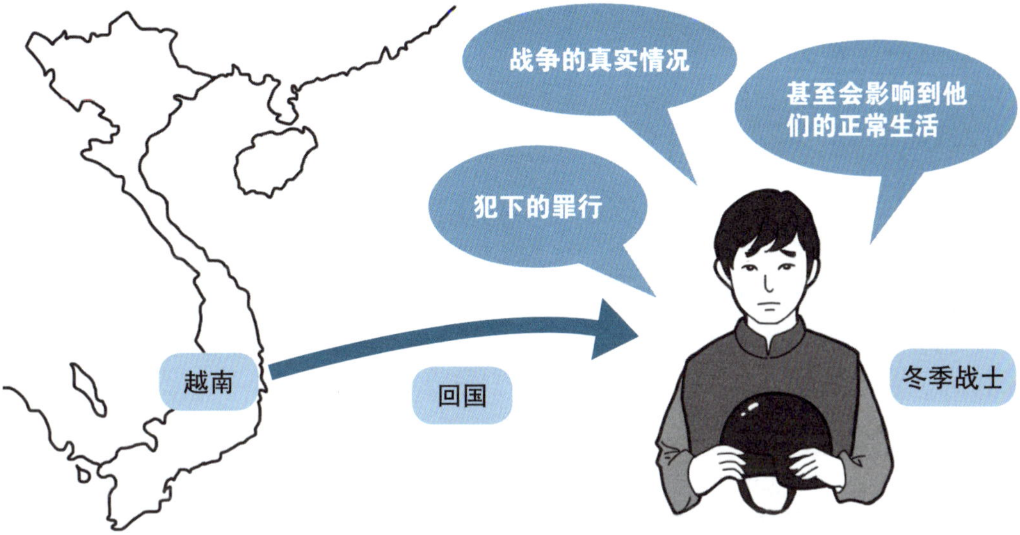

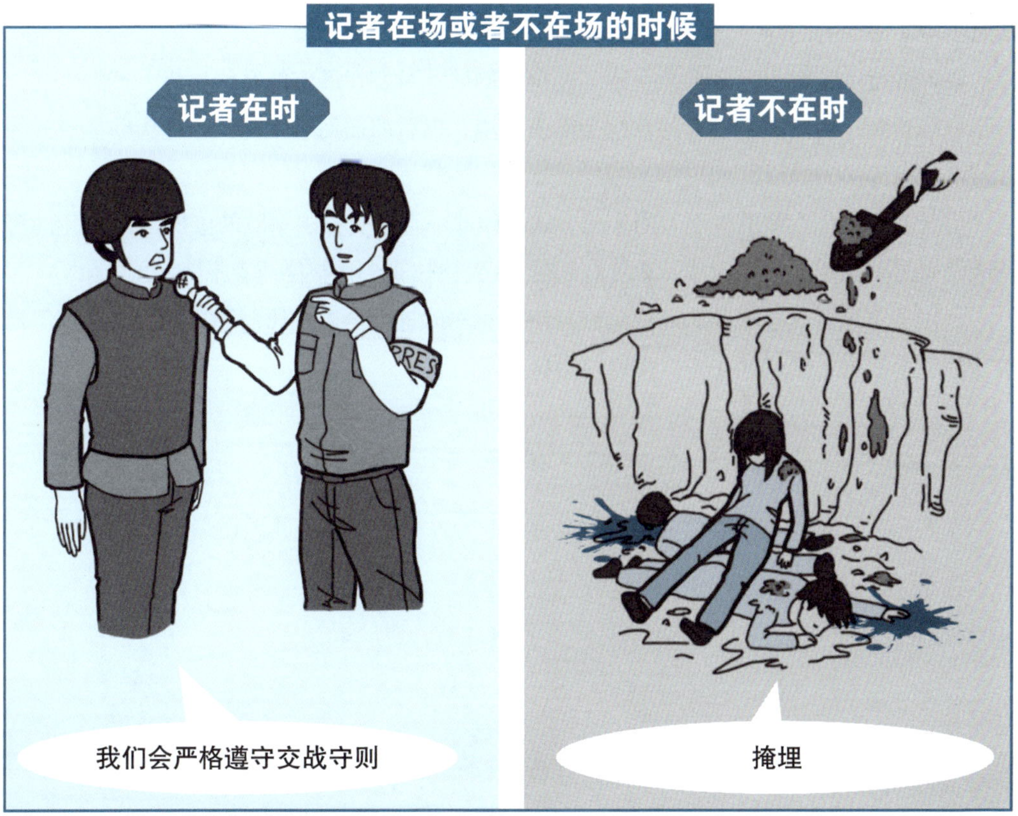

No.030 战场上的心理战略

战场上相互宣传己方的观点、政策的活动，其实也是一种战略，是心理战。

影响敌军的士气，让其放弃抵抗乃至投降

似乎现代的战场和宣传这个词并不容易联系在一起，但是实际上，作为心理战的宣传活动应用是十分广泛的。

这种宣传的对象有两种，一是对战场上的士兵，二是针对当地居民和政府人士。其目的在于得到对方的理解与信任，解除对方的警戒心理，以期减弱对方的抵抗，甚至直接投降。

心理战常常是一种欺骗行为，通过各种手段让对方相信自己的说法，就起到了心理战的作用。

进行心理战时要特别注意，由于心理战与武力作战不同，是一种看不见的战斗。也就是说，会产生怎样的战果或者影响，是很难准确预计的。

究竟怎样的心理战术才能深入对方的心里，或者要怎样才能欺骗对方？这是进行心理战时不得不考虑的问题。

心理战是一把双刃剑，如果宣传工作得当的话，对方在己方的宣传攻势下丧失士气，甚至缴械投降；但是如果失败的话则会陷入窘境，以后的任何战术都很难再次动摇对方的心理。

由于心理战是一种不战而胜的作战方式，因此一直很受各国军队的重视。1991 年的海湾战争就是一场成功的心理战，总计有超过 14 万伊拉克士兵被俘或者投降。

当以美军为首的多国部队通过陆空对伊拉克军队进行全方位压制和攻击时，许多伊拉克士兵完全丧失了抵抗的斗志，在原地缴械投降。

宣传的目的

宣传是为了换取对方的理解与信任的活动

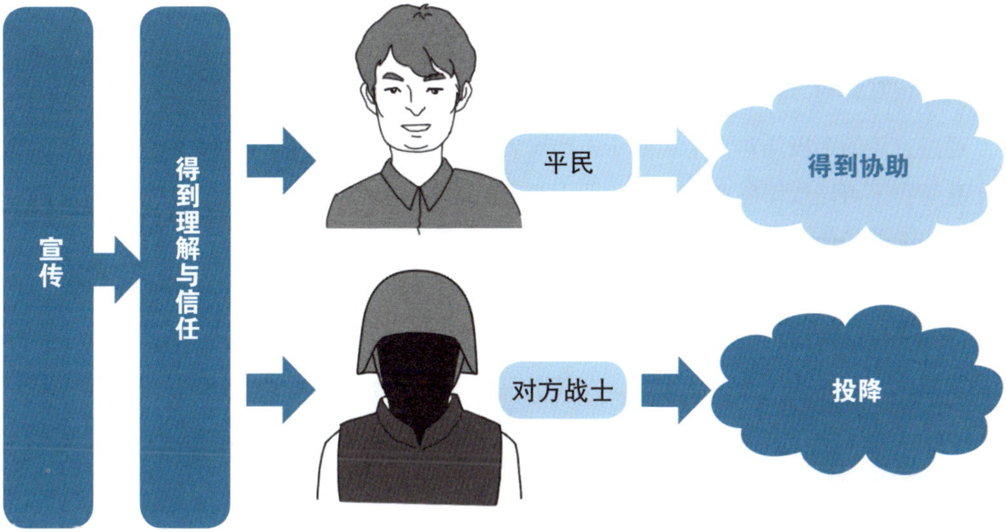

心理战是一把双刃剑

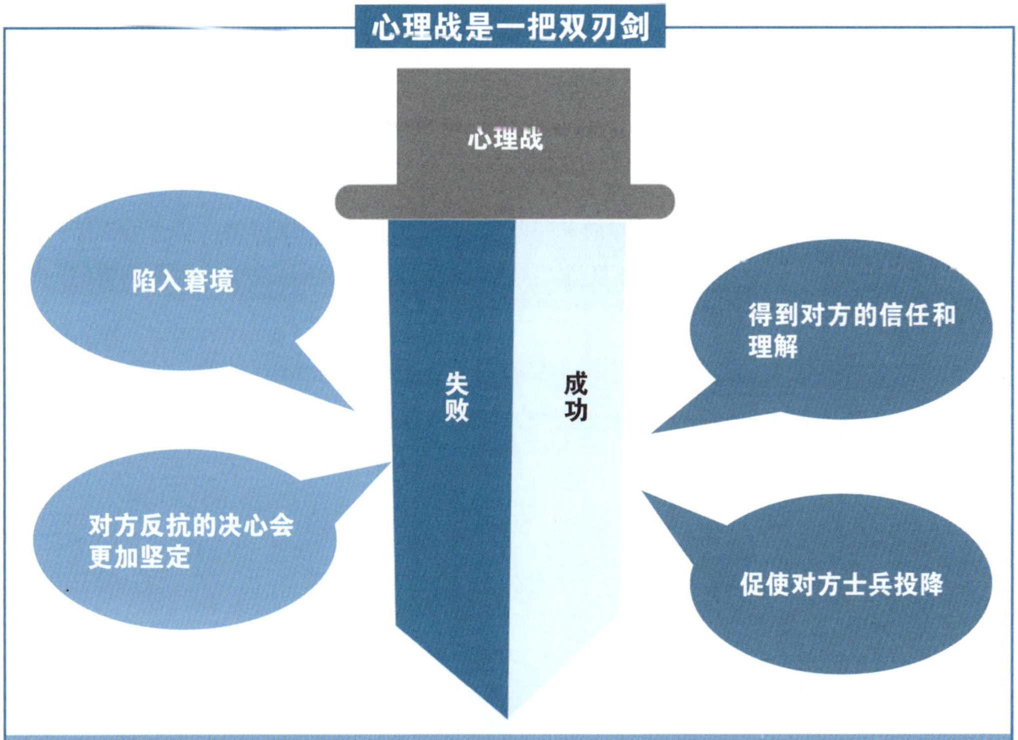

实施心理战时要做好充分的准备，一旦失败的话反而得不偿失。

No.031 心理战的作战方式

心理战能够以最小的成本换取最大的战果，在阿富汗战争和伊拉克战争中，美军都曾大量进行心理战。

1
2
3
4
5

以宣传瓦解对方，对军对民侧重点不同

通过宣传的手段让对方士兵的斗志动摇或者丧失士气在现代战争中非常常见。一旦对方士兵觉得不可能取得胜利而投降，动用武力的成本就大为减少。毕竟对于战争的任何一方而言，无谓的流血牺牲都是不愿看到的。

在阿富汗和伊拉克战场，美军曾通过大量宣传取得非常可观的心理战战果。

比如在伊拉克战场上，美军希望通过宣传广播破坏前伊拉克总统萨达姆的声誉，并且鼓动伊拉克军队与人民反抗萨达姆。在其中一次宣传作战中，美军就在伊拉克南部散发了近50万张传单，告诉伊拉克人如何收听美军广播。同时通过广播和电视台展开“宣传攻势”，声称萨达姆挪用粮食采购资金购买武器，曾经使用化学武器对付伊拉克人民等。希望以此换取伊拉克人民对萨达姆政权的抵制和对美军的支持。

与此同时，美军的信息行动部队会撰写类似的文章，通过保安公司将这些文章翻译成阿拉伯文发表在伊拉克报纸上。

在宣传内容上，针对伊拉克军队和平民有所不同。如果是针对军队会大力宣传美军的战场优势和强大战斗力，希望以此瓦解伊拉克军队的斗志。若是针对平民的话，则会宣扬自己是解放者，是为了伊拉克人民的福祉而开战的，并向平民空投食物等必备的生活物资，换取平民的信任。为了让更多人了解美军所宣传的理念，他们还会在空投生活物资的同时，投下收音机。

此外，在宣传的时候也会提醒平民不要轻易接近容易成为攻击目标的工厂、桥梁等设施。同时，告诉平民不要轻易靠近美军士兵，以免被误认为是恐怖分子而被射杀。

通过传单和广播进行宣传

散发大量传单，让伊拉克人收听美军广播。

也会空投食物和收音机

向平民空投食物和收音机，并提醒平民需要注意的事项。

专题：民事作战的战略战术

无论战争是以何种理由、何种目的发起的，其最终都是为了维护国家利益而行动的。民事作战这种新时代陆战的战略战术也与国家利益有着非常密切的关系。

各国的军事力量侧重方向都不同，美、英等国更多是把军队派遣到外地进行军事行动，“对外”的倾向比较强；但是一些多民族国家或者发展中国家，军队则是以维持国内治安为主，“对内”倾向比较强。无论哪种倾向，军队的任务都同样是维护政权，保障国家利益。负责争取民意和舆论的民事作战也是如此。

民事作战的行动范围相当广泛，具体来说，包括治安、维持秩序、基础设施建设、教育、社会福利、法律、公共卫生、经济、政治等各种战后活动。民事作战最大的特征就是军队不是以武力作战为主，而是和作战地区的各种组织、居民建立起积极互动的关系。

通过这种互动，表现出己方军队如何尊重民意，并在交流中发现双方的不同需求，然后努力解决这些问题，实现相互理解的过程。也就是说，这其实是一种以产生向心力为基础的心理作战战术。

本书中所提到的民事作战部队，他们的作战类型就属于典型的民事作战，他们主要负责维持秩序、帮助当地居民重新建立行政制度和政府机关、协助当地居民自治、引导舆论方向等。

此外，像“紧急救援作战”，比如在当地政府无法履行功能时，由军队暂时负责当地的行政、治安等方面的行动；“居民及物资管制”，负责居民的安全和战后物资的供给分配等的行动。这样的作战行动都属于民事作战的范围。

第三章
战术运用

No.032 现代战争中的战斗方式

二战以后及冷战期间，战斗双方往往是通过火炮压制，再以坦克或者装甲车压制对方阵地。

心理战和情报战在现代战争中被大量运用

二战结束后的半个世纪当中，以美国为首的资本主义阵营和以苏联为首的社会主义阵营长期对峙，进行了长达几十年的冷战。当时的战争目标是通过压制性火力打败敌人军队，各国的军事训练也是以此为蓝本。

进入21世纪以后，战争的诱因以及战斗的方式都有所改变。在阿富汗战争和伊拉克战争中，美军虽然迅速结束了正面战场的战斗，但是由于宗教和民族的因素影响，美军士兵长期面临着自杀式炸弹等攻击的威胁。

美军在阿富汗和伊拉克所遇到的敌人，与以往战争中的敌人大不相同。他们不再身穿军装，而是藏身于普通百姓当中，伺机对美军发起攻击。

为了应对这种随时可能出现的攻击，美军对占领地进行统治，通过紧锣密鼓的反恐作战消灭敌人。

这种作战方式虽然达到了作战效果，但是对于当地百姓来说，美国的强硬措施是难以接受的。也正是因此，许多当地民众甚至认为“9•11”事件都是美国为了争夺中东地区的利益而自导自演的。

伊拉克与阿富汗的情况也不同，伊拉克国内什叶派和逊尼派长期对立，即使同样属于逊尼派，其中的阿拉伯人和库尔德人也相互敌对。

美军在这种情况下对伊拉克动武，在宗教和民族冲突的影响下，以往的战术根本派不上用场。在这次战争中，美军运用了大量的心理战和情报战，并在军队中配备了许多了解伊拉克文化的专业人员。

战斗方式的变化

冷战时期的战斗方式都是通过火力压制对方进行；但是在反恐作战中，作战方式有所变化。

冷战时代

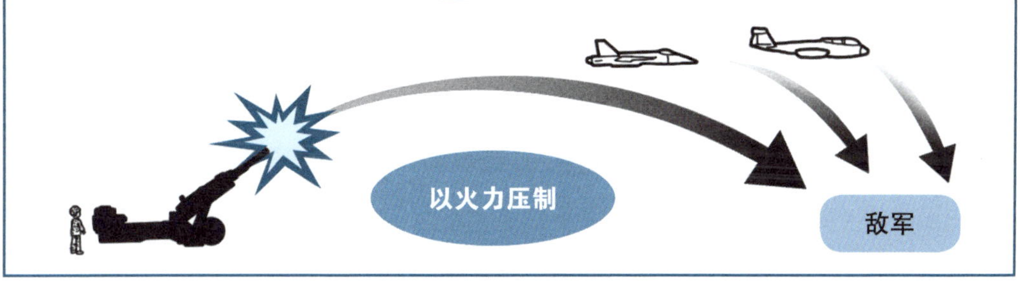

反恐作战

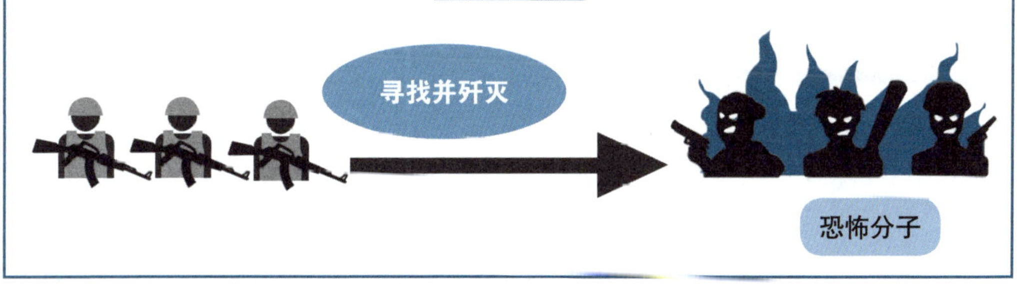

宗教与民族因素

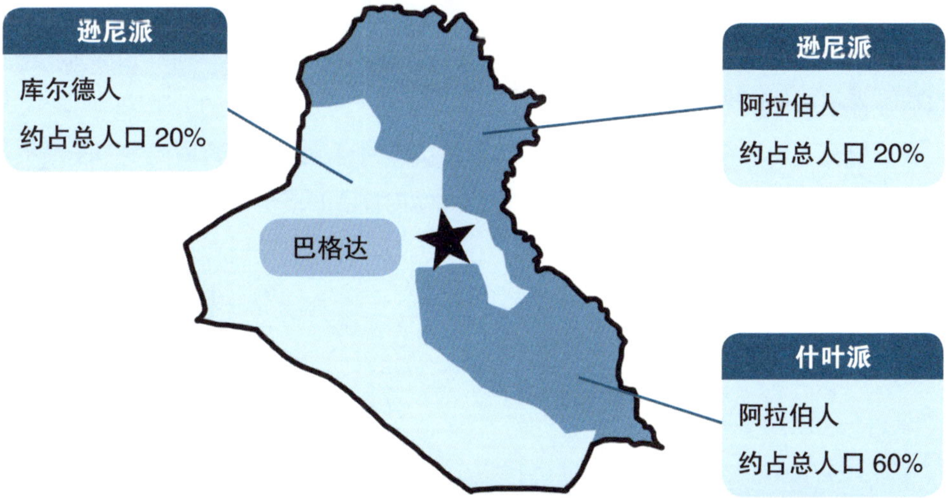

在宗教和民族混杂的伊拉克，国内各种势力长期对立。

No.033 伊拉克战争中的战术

伊拉克与阿富汗不同，战场主要集中在城镇中，伊拉克军队趁机在路边装设炸弹，在美军经过的瞬间引爆。

小型武器在巷战中很有效，但运输部队易成对方袭击目标

在伊拉克战争中，美军所面临的敌人常常会通过装设炸弹或者使用小型武器袭击美军，无论攻击方式还是攻击地点都很不确定。

战争初期，美军和伊拉克正规军作战时采用传统的战斗方式，以海陆空立体攻击压制伊拉克军队。占领了伊拉克以后，情况就大不相同了，美军不得不改变战术。

此后的战斗主要是以适用小型武器的小规模作战为主。美国陆军也从利用压倒性火力攻击的方式改为传统的战斗方式——用手枪或者自动步枪进行战斗。

美军也因此遇到了新问题，运输部队接二连三遭到袭击。毕竟与作战部队相比，运输部队无论是所接受的作战训练还是作战经验都有所欠缺。许多运输兵在遭到攻击以后会陷入慌乱，甚至会停止驾驶，使自己成为活靶子。

面临危机时，海军陆战队等精锐部队可以及时做出反应。就算是驾驶车辆的海军陆战队队员，作战能力也不是普通士兵所能比拟的。

海军陆战队的士兵精通各种武器的使用方式，尤其是手榴弹，在遭到攻击的时候非常有用。除了用来杀伤的攻击型手榴弹和防御型手榴弹，还有用来掩护自己的烟雾弹或者麻痹敌人的催泪弹等，可以根据实际情况选择。

通常在战斗中，如果敌人趁机攻击，应该一面还击，一面撤离。而运输部队在遭到攻击以后常常会陷入恐慌，加上车辆等目标十分明显，会成为被攻击的活靶子。

在伊拉克，允许普通居民拥有 AK-47 等武器作为自卫的用途，因此美军士兵根本不知道他们何时何地可能被谁袭击。这时候，能够保护自己的不是坦克导弹，而是手中的枪。

战术要根据实际情况变化而及时调整

伊拉克战争中，战争初期以火力压制为主，后来则变为小规模作战，战术也要随之变化。

战争初期

火力压制

反恐作战

传统战斗方式

如何应对恐怖分子的攻击

海军陆战队遇到攻击时，会一边反击一边撤离。

No.034 城镇中作战的交通战术

城镇中的交通主要依靠车辆或者步行，美军在伊拉克作战时，车辆是他们的主要交通工具，因此必然有与之匹配的战术。

行动前要对敌人动向进行预估，慎重选择路线

在战场上，各种危险随时会降临在士兵身上。美军在伊拉克战场上的主要交通工具是车辆，因此必须要熟知与车辆相关的战术。

比如，如果车辆爆胎，遇到危险的几率必然升高；若是车辆因此无法行动，很容易成为活靶子。

因此，军队在行动之前，必须要准备好备用轮胎，以便在遇到意外时可以及时更换。而且，士兵必须要学会一边警戒一边迅速更换轮胎的技能。

对于美军士兵来说，驾驶车辆行驶在伊拉克的城镇中时，要十分小心。补给路线上的车辆最容易遭到袭击，常常会遇到埋设在路边的炸弹。因此，行动之前要提前对敌人的动向进行预估，根据实际情况慎重选择路线。同时要避免动用大规模的车队，过长的车队很容易成为攻击的对象。

从基地出发的时候，首先要根据地图确认行驶路线，一旦车辆遭到攻击，士兵就要步行，因此必须做好徒步的准备。

还有，为了应对驾驶员被击中或者受伤的情况，因此每辆车都要配有预备驾驶员。

除此之外，车辆本身的装甲也是士兵需要考虑的因素。装甲的程度决定了士兵该如何反应，采用何种战术。如果车辆的装甲非常坚固，就可以利用车辆作为掩护应战；如果装甲比较薄弱的话，则面临着被敌人击毁的危险，需要审时度势，及时放弃车辆。

在巷战中，仅仅靠发现敌人、找出敌人、进行攻击这样的战术是远远不够的，必须随时做好战斗的准备，一旦遭到攻击，使用切合实际的战术才可能生还。

开车时的注意事项

在巷战中，必须要做好面临各种状况的准备。

根据车辆装甲采用相应的战术

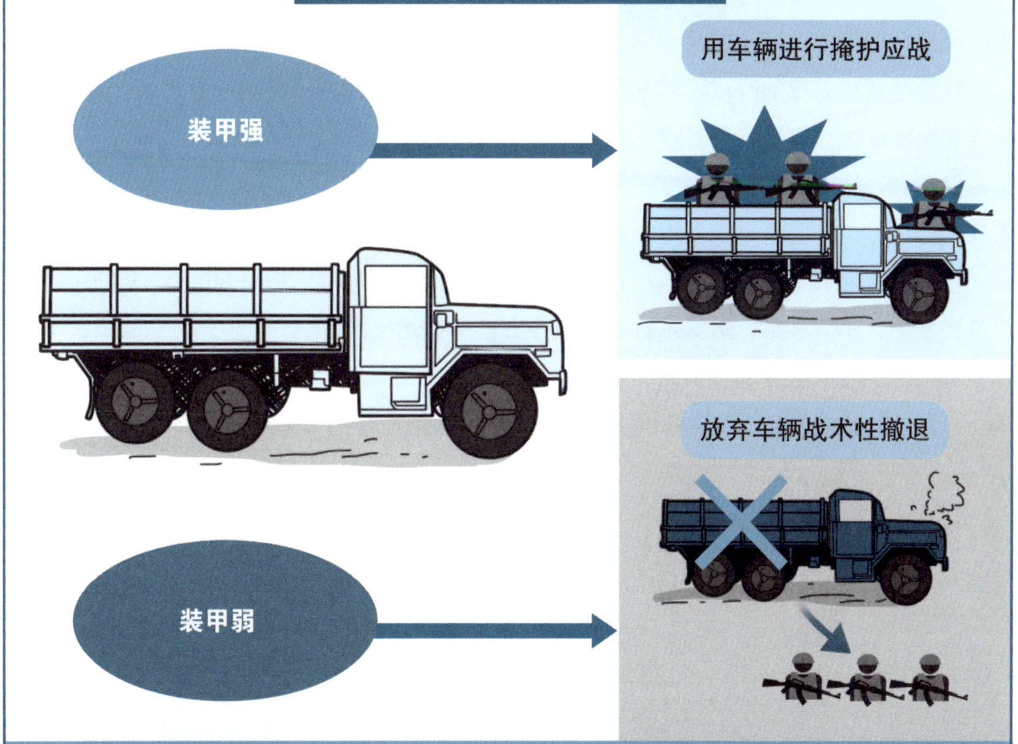

根据装甲的强弱，对应的战术也会不同。

No.035 特警的战术在巷战中适用吗

在伊拉克战争初期，美军部队曾参考特种警察部队的战术，但是后来证明了此战术在战场上并不适用。

压制疑犯和压制敌人是完全不同的

特种警察部队（后称特警部队）的战术主要是为了逮捕疑犯，其作战守则是在可能的情况下，不发一颗枪弹，不流一滴血。在没有证明疑犯持有武器并先行攻击以前，特警部队是不能开枪的，与军队的战术有很大不同。

案件发生以后，特警部队会完全包围疑犯所在的建筑，并在周围部署好狙击手。其他警察负责疏散平民，特警部队则利用建筑物的平面图拟定攻击计划。

那么，巷战中的情况又是如何呢？

首先，在巷战中想要疏散平民是不可能的，敌人的藏身之处也绝不止一个，具有很大的不确定性。

在巷战中，随时都可能与敌人交火，遭到埋设在路边的炸弹或者各种反坦克武器的攻击。在交火过程中，还要顾及周围的平民，同时要找出混在平民中的敌人。

特警部队在进攻的时候，常常会呈队列突入建筑物。在发出进攻信号以后，发射闪光弹或者烟雾弹作为掩护，同时攻入建筑物。

但是在巷战中，这种作战方式是非常危险的。一旦集中在建筑物周围，很容易成为敌人攻击的目标。在装甲车或者坦克的掩护下迅速攻入建筑物的方法更为有效。

特警部队的战术是隐匿好自己，看准时机一口气完成进攻。但是在巷战中这种做法是很难实现的，军队多是一边宣示自己的战斗力，一边逐次推进。

对民房中的敌人发起攻击时，特警部队和军队所用的战术也不同。特种部队主要着眼于能够看到的武装罪犯；而在巷战中，军队会毫不留情地使用火炮或者手榴弹将目标摧毁。

特警部队和陆军军队在战术上的不同

特警部队	陆军军队
● 逮捕对方	● 消灭敌人
● 可以的话一枪不开最好	● 直接攻击或者杀死敌人

根据情况不同采用不同的战术

特警部队　　陆军军队

特警部队		陆军军队
优先疏散平民	平民	优先消灭敌人
排成一列根据信号同时攻入	攻入建筑物	在装甲车或者坦克的辅助下进行火力压制
攻击眼前所看到的敌人	室内作战	对敌人所在的地方毫不留情地开火

特警部队和陆军面临的情况不同,采取的战术也不同。

No.036 运输车辆的改造

伊拉克战争初期，美军的运输车辆基本处于无防护状态。士兵们会焊接铁板制成车辆的简易装甲。

加装装甲，士兵可在车中安全地攻击车外目标

在伊拉克战争中，运输车辆是巡逻或者运送物资的主要工具。士兵分左右两边坐在车厢中警戒，但是因为卡车上没有装甲，所以无法防御炸弹或者枪弹的攻击。

后来有一名士兵的建议改变了这一局面。这名士兵叫托马斯·威尔森，是美国国民警卫队的技术兵，在美国国防部长访问美军位于科威特的基地时，他向部长提出了自己的疑问。

威尔森问道："伊拉克战争已经进行了两年，这种毫无防御力的铁板和玻璃制成的废品什么时候才能换掉？"

这段话后来被媒体大肆报道。在舆论的影响下，美国国防部加快了汽车装甲的装备，但是依然因为反应太慢，遭到了前线士兵的诟病。

此后，美军对军用车辆，尤其是运输车辆进行了大规模改造，在军工企业的帮助下，将特制的装甲套件投入伊拉克战场。

例如有一种叫做"多功能运输车"（MTTCS）的装甲套件，是专门用在卡车车厢上的装甲组。

MTTCS是箱型的装甲套件，可以抵挡枪弹和炸弹弹片。装甲上有特制的防弹玻璃和枪眼，士兵可以在车中安全地攻击车外目标。把顶部的车盖打开以后，还可以加装机枪或者炮塔。

为了抵御地雷的攻击，还有一种专门的"防地雷装甲车"（MRAP），可以加强车辆底部的防御。

简易装甲

多功能运输车和防地雷装甲车

多功能运输车

防地雷装甲车

No.037 改良版史崔克装甲车

史崔克装甲车是美军在伊拉克战场上非常受重用的一种装备，这种装甲车的火力和机动性能都十分优秀。

现代战场的必备装备，但车身过宽常导致行动不便

“史崔克装甲车”（Stryker Vehicle）是美军为21世纪战场设计的新型八轮装甲车。它可以装载在运输机上，与士兵一起迅速部署到世界各地。

伊拉克战争时期，史崔克装甲车跟随美军来到伊拉克战场。当美军乘车行动的时候，常常会遭到使用RPG火箭筒的恐怖分子袭击，甚至连美军基地也会遭到攻击。为此，美军不得不对史崔克装甲车进行改良，并在基地周围架设铁丝网。

RPG火箭筒发射的火箭弹会在击中目标以后自动引爆，铁丝网可以防止美军基地直接被击中，能够一定程度上减弱爆炸的冲击。

对史崔克装甲车的改良也采用了类似的做法：在史崔克装甲车周围用钢筋等焊接铁笼状的“栅栏式装甲”（Slat Armor）。

栅栏离车身有一定的距离，这样的话就算被火箭弹击中，栅栏的防护就会触发其爆炸，避免车身被直接攻击。

这样改装虽然能够降低来自火箭弹的威胁，但是同时也产生了新的问题。伊拉克战场上的史崔克装甲车不仅重量更重，车身宽度也大大增加了。

这对驾驶员的驾驶技巧提出了更高的要求，过宽的车身也不适合在一些比较狭窄或者障碍物多的城镇行驶，常常会导致行动不便。

为此，美军在伊拉克开设许多专门的训练场，被派遣到伊拉克的部队，都要在训练场接受专门的驾驶训练，适应了改装以后的史崔克装甲车才能前往战场。

史崔克装甲车和RPG火箭筒

RPG火箭筒是史崔克装甲车的天敌，从越南战争开始，美军就一直受到RPG火箭筒的困扰。

美军

史崔克装甲车

恐怖分子

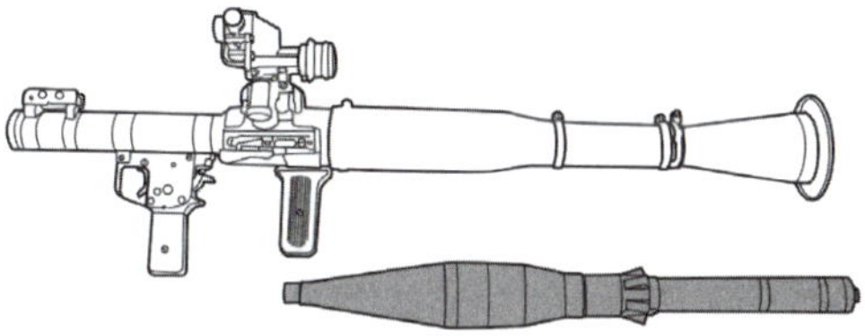

RPG火箭筒

加装了栅栏式装甲的史崔克装甲车

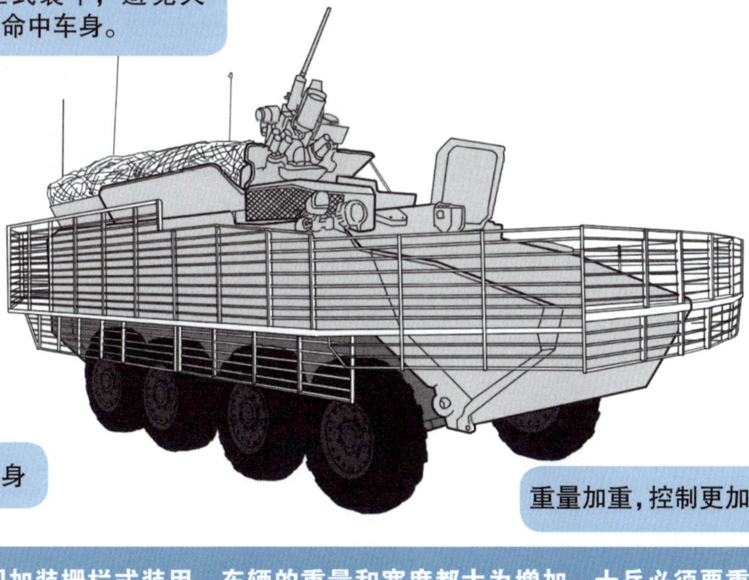

在车身周围加装栅栏式装甲，车辆的重量和宽度都大为增加，士兵必须要重新学习并适应驾驶方式。

No.038 什么样的坦克适合在城镇作战

坦克最早出现于第一次世界大战期间，此后，在原有的基础上，坦克性能不断提升，火力、防御力愈发强大。

根据战术采用装备

冷战结束以后，作为现代陆战的主要机动战斗力的坦克已经广泛列装，其作用在海湾战争中也得到了验证。

但是进入 21 世纪以后，战场情况发生了变化。坦克部队除了既定的作战战术以外，还要学会适应不同战场。比如伊拉克战场中，美军必须要适应现代城镇作战。

起初，美军投入伊拉克战场的是 M1 艾布拉姆斯坦克，这一系列坦克是美军从 1980 年起研发装备的第三代主战坦克，虽然性能依然十分优秀，但已经逐渐出现了不适应现代战车的发展趋势。

在伊拉克的巷战中，恐怖分子基本都是藏身在暗处，艾布拉姆斯坦克常常直接近距离暴露在敌人的攻击下。恐怖分子使用的火箭筒能够轻易破坏艾布拉姆斯坦克的引擎或者履带，一旦坦克无法行驶，战场情况必然恶化。

此外，艾布拉姆斯坦克上搭载的机枪也有问题。艾布拉姆斯除了炮塔旁边的同轴机炮外，上方还有 12.7 毫米重机枪，侧方装有 7.62 毫米机枪。在巷战中，机枪比主炮更为实用。但是这些机枪在使用时，射手不得不探出身来，这样很容易被敌人攻击。

为此，美军对艾布拉姆斯坦克进行了适当改良，比如将其 12.7 毫米重机枪改为在车内远程操作，7.62 毫米机枪周围也安装了装甲板。

此外，艾布拉姆斯坦克的通信系统也进行了改良，各辆艾布拉姆斯坦克间能够共享战场信息，提高了坦克乘员对战场态势感知能力。并安装了独立热像仪，大大提高了坦克在能见度很低的情况下与敌作战的能力。

美军艾布拉姆斯坦克和改进型

艾布拉姆斯坦克投入伊拉克战场以后出现了许多问题，美国陆军对其进行了大量改造。

艾布拉姆斯坦克

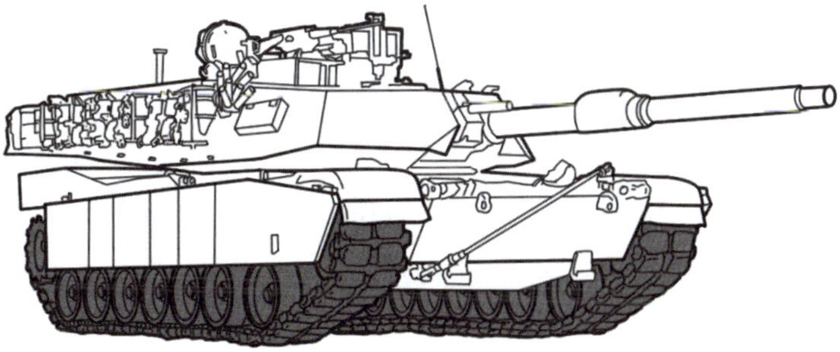

改进型

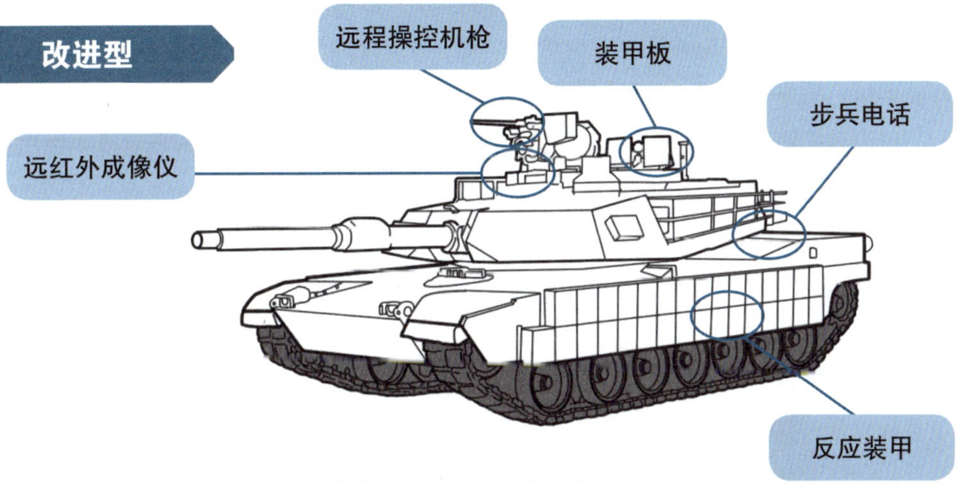

机枪在巷战中非常重要

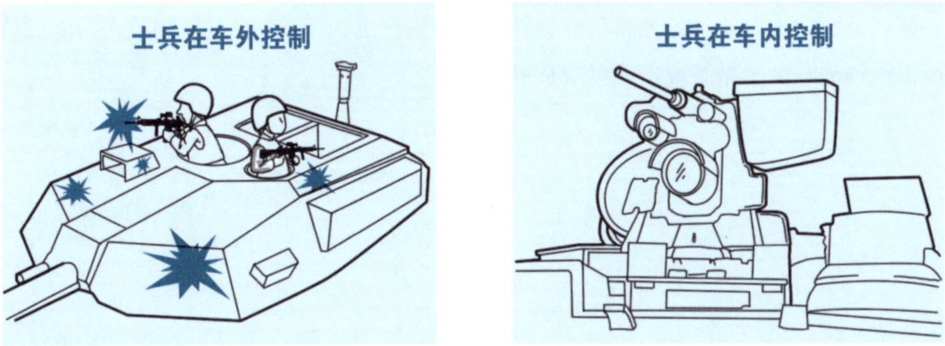

在巷战中，士兵轻易露出车外是非常危险的，因此从车内就能操作的机枪非常实用。

No.039 巷战专家的战术

从1948年建国以来，以色列先后经历了四次中东战争、黎巴嫩战争等多次战争，巷战经验非常丰富。

巷战胜利的关键是抢占先机，先发制人

要说巷战专家，先后经历了多次巷战的以色列可以说是当仁不让。以色列在历次战争中积累的经验，美军也曾学习并应用到伊拉克战争中。

在巷战中所用的战术无非两种：一种是全力进攻，另一种是建设基地，防御敌人进攻。这两种战术各有千秋，以色列在以往历次战争中往往采用的是全力进攻的战术。

他们采用攻击性战术是有原因的，如果只是守好自己的阵地，所能了解到的战场情况十分有限，对战争大局并没有多少帮助。而全力进攻的话，一方面可以将战场引向敌人所在的地区，另一方面能获取更多的战场情报。

以色列的军队常常进行大范围巡逻，他们会根据观察所得来的情报对战斗做出相应的安排。同时，这种作战方式也具有强化士兵心理的作用。

除了军队自己获取情报，以色列还建立了密集的情报网络，特种部队和情报机关是他们探查情报的主力。一旦发现阿拉伯各国对自己有所图谋，以色列往往会先发制人，首先发起攻击。

另一个值得借鉴的地方在于，各部门之间的情报高度共享。比如，如果巡逻部队发现了某种异常，其他部队会在得到情报以后迅速赶往支援。

比如敌人从建筑物中向外射击，这一信息会立刻传达给在附近待命的武装直升机，接着直升机就会发射导弹消灭敌人。

情报系统的强大使以色列军队能够针对任何情况迅速反应，甚至预测敌人可能的行动，进而提前调动军队，做好攻击或者应战的准备。

进攻是最好的防御

巷战专家——以色列采用的战术是通过大量收集情报，全力攻击。

巷战中的两种战术

以色列的情报共享和应对能力

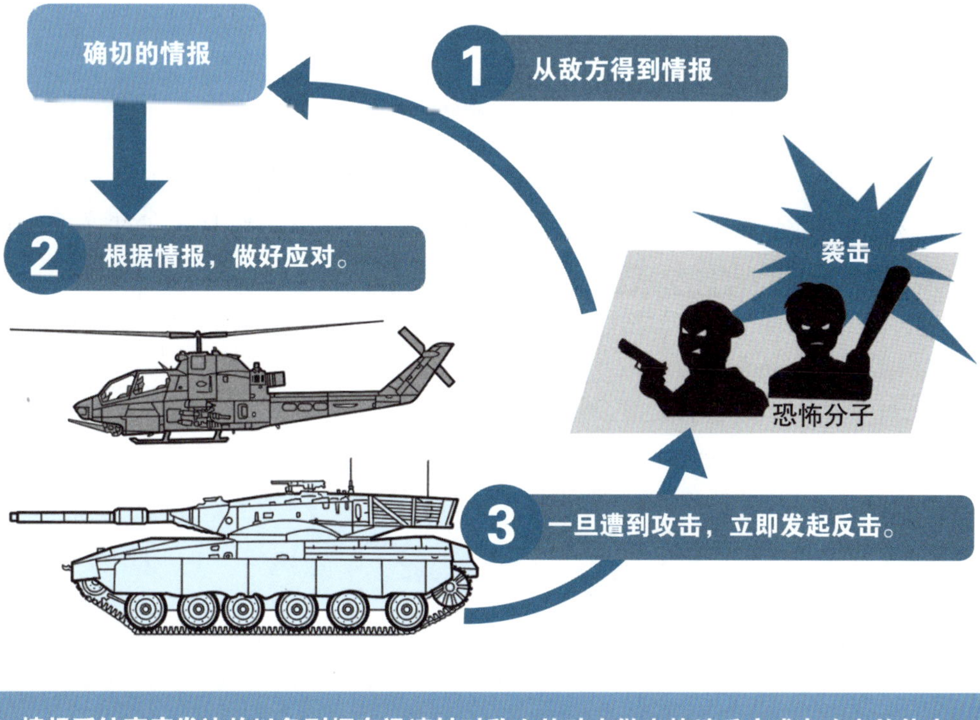

情报系统高度发达的以色列拥有迅速针对敌人的动态做出快速反应或者攻击的能力。

No.040 巷战中的武装直升机

武装直升机原本是专门用来攻击坦克或者装甲车的空中飞行器，美军将其运用到了巷战中。

根据战场情况随机应变，用途实现了多样化

第四次中东战争中，埃及军队使用反坦克导弹摧毁了以色列大量战车，一度占据上风。这次战役给世界各国的陆战战术带来了很大启发。

此后，世界各国都对坦克和战车装甲进行了强化，战术也有了很大幅度的变化。甚至有人提出导弹万能论，经过多次改良以后，供武装直升机使用的反坦克导弹也登场了。

起初，武装直升机搭载反坦克导弹主要是用于从空中攻击陆地上的坦克、装甲车等目标，但是近年来其用途已经不再局限于此。

反坦克导弹分为有线导引和无线导引两种：射手通过瞄准装置导引方向的是有线导引；让地面步兵通过激光照射目标导引的是无线导引。

由于反坦克导弹的威力明显大于很多火炮，因此在战场上开始被用于攻击有生目标，并取得了非常有效的战果。

以色列和其他国家爆发的冲突大多都是在城镇中。为了避免国际舆论批评，在战斗中会尽量将平民的伤害降到最低。也正因为如此，搭载在武装直升机上的导弹是非常有效的攻击方式。

比如在某栋建筑物中，聚集了敌方人员。潜入的特种部队队员会根据情报确认情况，一旦属实，则会引导武装直升机进行攻击。特种部队队员使用激光引导，武装直升机只需对着那一点发射导弹即可。

这种攻击方式除了用来攻击建筑物，用来攻击汽车或者军事设施、通信设施也非常适用。

反坦克导弹

在第四次中东战争中，反坦克导弹显示出了非凡的作用，在世界范围内掀起了一股风潮。

有线导引

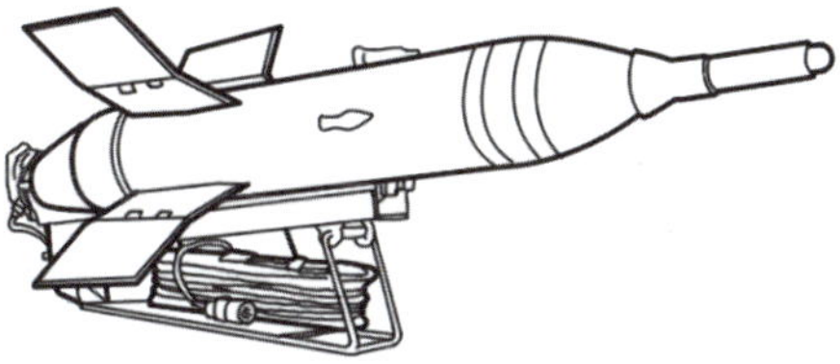

射手通过瞄准装置导引导弹方向

无线导引

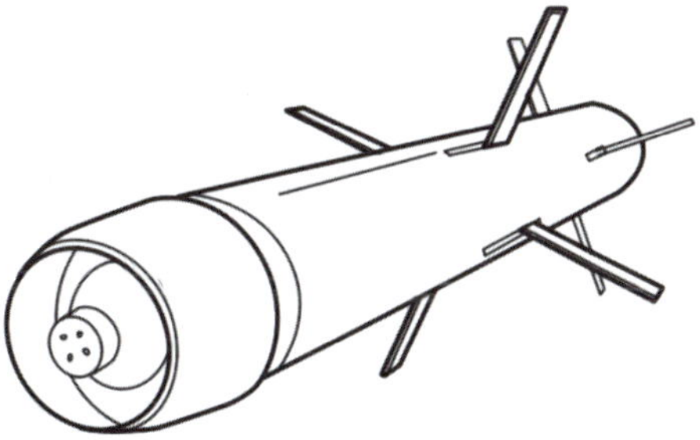

用激光照射导引导弹

以色列军队的战术

①得到对方人员的情报 → ②确认情报真伪 → ③武装直升机开始行动 → ④特种部队队员用激光照射 → ⑤武装直升机发射导弹

⑤武装直升机发射导弹

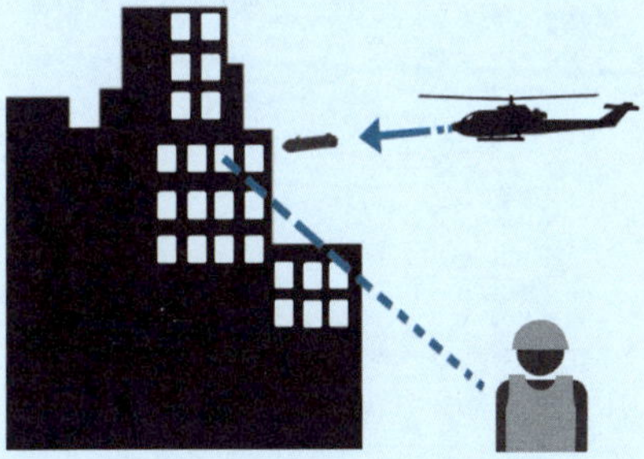

④特种部队队员用激光照射

为了把平民的伤害降到最低，以色列常常会使用导弹攻击目标。

No.041 突如其来的对地攻击机

对地攻击机搭载榴弹炮或者机炮，在巷战中常常用于近距离空中支援或者火力压制。

能随时出动的对地攻击机，攻击前会在目标上空盘旋

美国的 AC-47 对地攻击机是越南战争中非常活跃的武器之一，这种飞机左侧搭载了 3 门机炮。每门机炮可以装填 1500 发炮弹，最大射速 6000 发 / 分。其战术是同时用其中两门机炮攻击目标，重新装填的时候则以另外一门机炮进行掩护。

AC-47 攻击机多被用于特种作战，通常会搭载 24000 发炮弹以及 45 发照明弹，就算是夜间作战也能发挥足够的作用。在攻击时，对地攻击机一般会在目标上空盘旋，在确认瞄准目标以后，以大角度倾斜飞行，集中将炮弹射向目标。

之后的对地攻击机进行了进一步改良，飞行高度更高，火炮攻击距离更远。美军后来使用的 AC-130 对地攻击机，搭载了 105 毫米榴弹炮和 40 毫米机炮等大型火炮，能够从对方防空火炮射程以外发起攻击。

AC-130 对地攻击机隶属于美国空军，海军陆战队如果要使用的话，需要通过统筹美国陆海空军特种部队的美国特种作战指挥部批准才行。也就是说，AC-130 并不是随时可以调动的飞机。

为此，美军根据海军陆战队自身作战特点，在陆战队已有的 KC-130J 空中加油机的基础上改装出对地攻击机交付海军陆战队使用。根据作战需要，海军陆战队使用的对地攻击机加装了目标探测器、精确引导炸弹、对地导弹等武器以及 30 毫米机炮，作战能力非常优秀。

改造完成的对地攻击机于 2010 年 10 月投入到阿富汗战场，成为美国海军陆战队又一种克敌制胜的法宝。

AC-130“空中炮艇”(Gunship)对地攻击机

AC-130 对地攻击机，在阿富汗和伊拉克战场非常活跃。

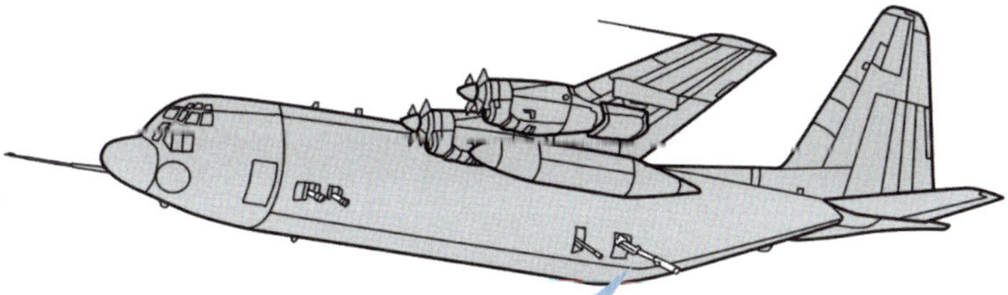

攻击时向左侧大角度盘旋攻击，因此只有机身左侧装有武器。

海军陆战队对 KC-130J 空中加油机的改造

对地攻击武器

对地导弹

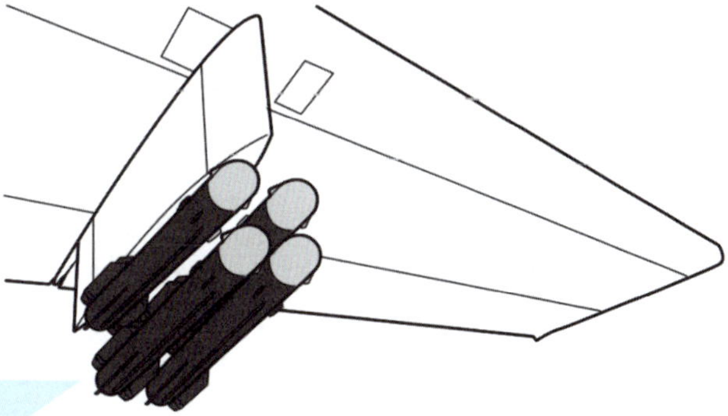

AC-130 对地攻击机并不能随时调动，无法满足美国海军陆战队的作战需要，因此海军陆战队将 KC-130J 空中加油机改造为对地攻击机。

No.042 伊拉克战争中最大规模的巷战

2004 年，美、英、伊拉克联军向巴格达以西的费卢杰发起攻击，这次战役被称为“费卢杰战役”。

一个多月的激战，重创了伊拉克武装分子

2004 年初，费卢杰地区治安混乱，袭击事件频发。同年 3 月 31 日，4 名美国黑水公司的保安和 5 名美军士兵在费卢杰附近遭到一伙武装分子的伏击，9 人全被打死，尸体被拖行后焚烧。此次事件被称为“黑水桥事件”。事后美军要求该地区政府将罪犯交给美国，遭到拒绝。这一事件成为费卢杰战役的导火索。

这一事件过后仅仅 4 天，美军立刻做出反应，调集 2000 名海军陆战队士兵向费卢杰发起进攻，经过两次费卢杰战役，美军重创了伊拉克武装分子。

在这次战役中，美军的战术主要是封锁主要干道，逐街区进行清扫作战。同时，向平民发出警告，疏导妇女儿童避难。

2004 年 11 月，第二次作战正式开始，美军称这次行动为“黎明行动”。仅仅在这次行动中，以美军为首的联军共发动了 1540 次空袭，消耗了 140000 发火炮和迫击炮炮弹、25000 发坦克主炮炮弹和超过 100 万发枪弹。

以美国海军陆战队为代表的突击部队在行动中发挥了重要作用。在正面战斗结束后的两周内，海军陆战队对费卢杰市区的建筑一一扫荡。在战斗中，他们使用云爆弹攻击躲在建筑物中的武装分子，收效甚好 。

坦克和战车在行动中也发挥了很重要的作用，通过火炮和重机枪进行火力压制，为海军陆战队提供了便利。

空中，无人侦察机负责对目标进行监视，一旦发现异常，对地攻击机和武装直升机就会马上从上方发射大量精确导引炸弹和导弹对目标进行覆盖。

费卢杰战役

费卢杰战役是整个伊拉克战争中规模最大的一次巷战

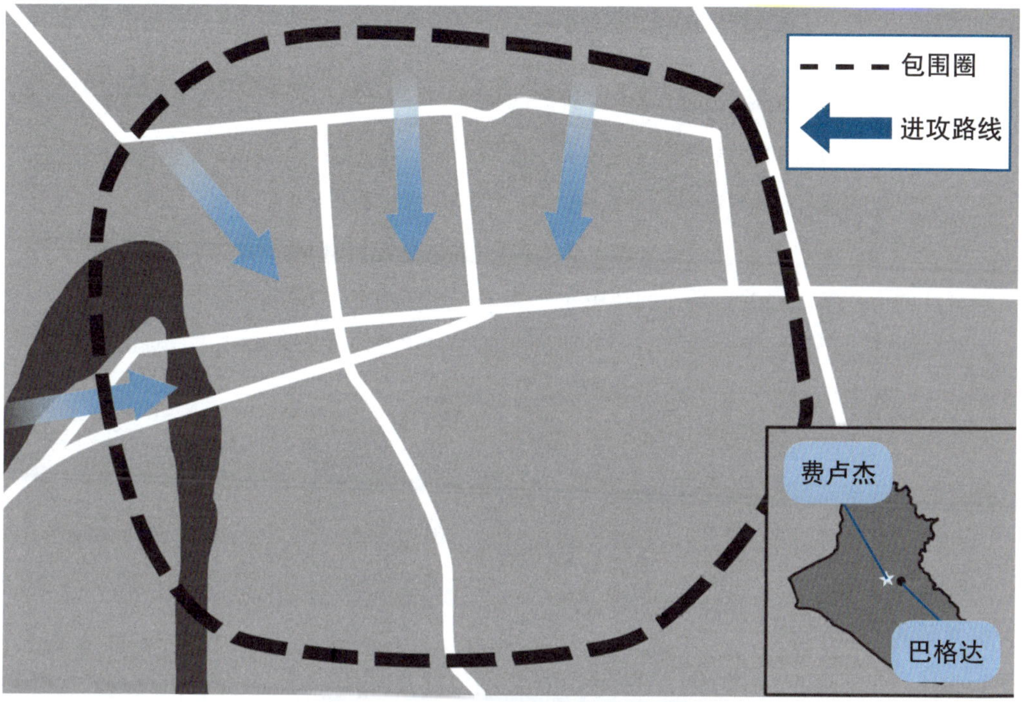

“黎明行动”中耗费的弹药

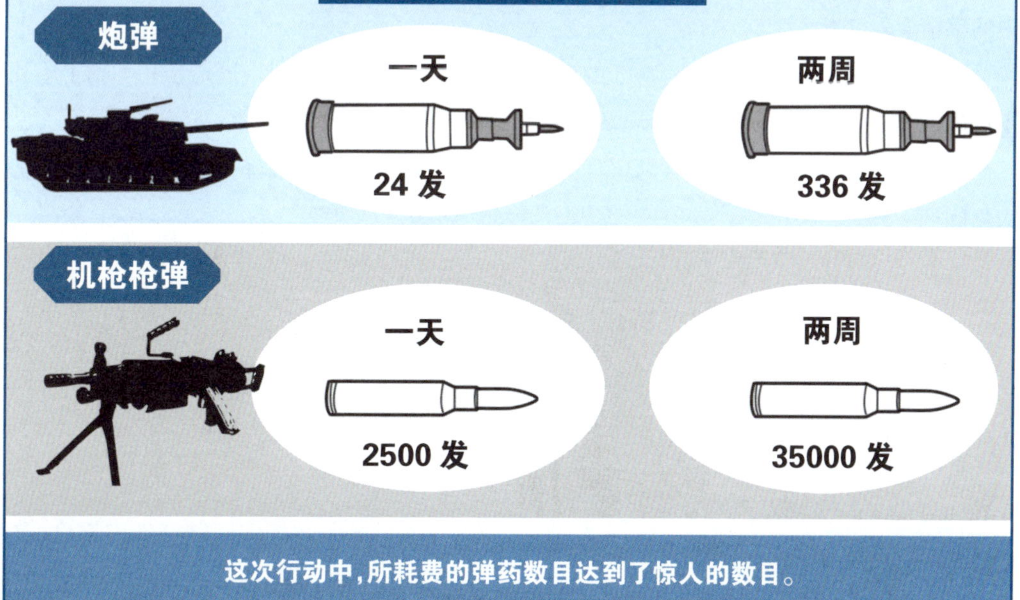

这次行动中，所耗费的弹药数目达到了惊人的数目。

No.043 阿富汗战争的实况

无论是自然地理还是社会构成，阿富汗都与伊拉克有很大区别，因此美军在作战战术方面也有所不同。

除进行战斗外，还要处理好与地方势力的关系

阿富汗与伊拉克的地形有着很大差异。前者丘陵、山地密布，后者则是以平原为主。因此，美军在阿富汗战争和伊拉克战争中所采用的战术也有所不同。

由于两国经济水平和自然条件的巨大差异，伊拉克城镇密布，作战方式以巷战为主；而阿富汗的道路条件很差，高速的装甲车所能发挥的作用十分有限。

在阿富汗，恐怖分子和武装分子使用的交通工具主要是越野车和皮卡，就算是路面条件不佳，也能保证快速行动，很容易摆脱美军的追踪。

在伊拉克作战的美军则主要进行大规模作战，通过与伊拉克军队和武装分子在城市中拉锯作战，夺取城镇。

阿富汗的恐怖分子偏好使用炸弹向美军发动小规模袭击，自杀式炸弹是他们常用的方式。只要能够达到目的，可以说是不择手段，根本不在乎牺牲人员，而这种攻击方式是非常难判断的。

此外，在阿富汗，地方势力或者部族的影响力很大，国内政权争夺很激烈，介入阿富汗的美军想要取得主导地位是不可能的。甚至还有过美军想要搜索某栋建筑，却被禁止入内的事情。

同样也是因为这个原因，阿富汗的恐怖分子在袭击美军以后很少逃走，几乎到了不死不休的地步。

而对美军不利的是，他们在阿富汗除了要进行战斗，还要处理好与各个部族和地方势力之间的关系。

阿富汗与伊拉克的不同

两国在许多方面都有很大差异

阿富汗

- **地形** → 丘陵山地为主
- **道路** → 路况大多不佳
- **作战方式** → 炸弹袭击，自杀式炸弹

伊拉克

- **地形** → 主要是平原
- **道路** → 路况良好
- **作战方式** → 大规模作战和巷战

阿富汗战争的困难之处

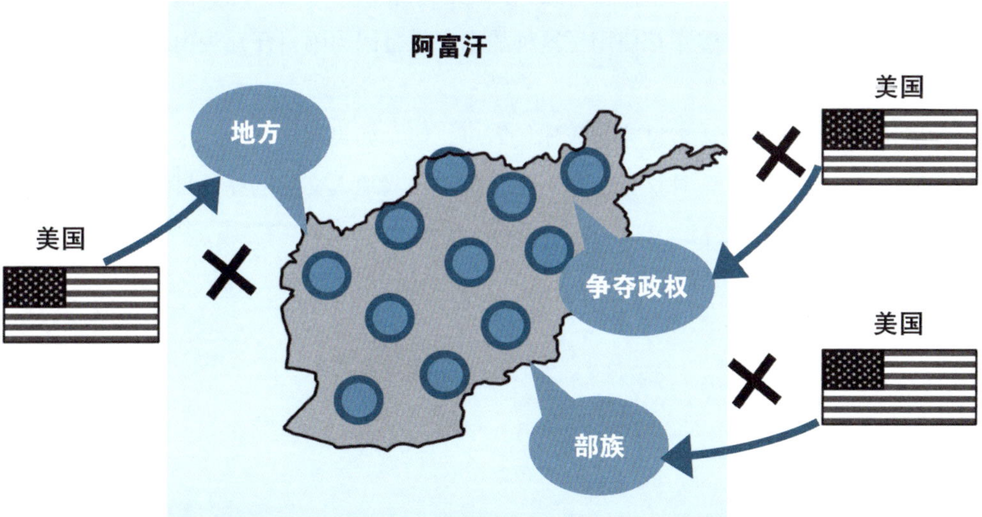

阿富汗部族关系复杂，美军很难介入。

No.044 如何预测敌人的动向

在现代陆战中，通过情报分析敌人的动向是非常重要的，这也是伊拉克战争和阿富汗战争中美军通用的战术。

虽然预测敌人的动向比较有效，但也存在“死角”

美军会通过多方收集情报分析敌人的行为模式，在这个过程中，会使用无人侦察机或者监视器。

通过建立庞大的数据库，从中总结出一定的规律，并以此规律预测消费者的行为模式，是金融业或者市场营销等领域常用的一种分析方式。将这种分析方式运用到作战中也非常有效，可以说是战场上的天气预报，不仅能够预报可能发生袭击的时间，甚至可以计算出地点。

美军会在重要的补给路线或者基地周围安装监视器，由电脑对画面进行分析，一旦发现异常之处就会发出警告。

被炸弹袭击过的各个地点也都会被记录下来标记在电子地图上。对多个袭击地点的周围环境特征进行分析，从中找出恐怖分子的攻击模式，预测下一次可能被袭击的地点。

通过这样分析，许多炸弹都被事先找了出来。同时还会调集武装直升机或者对地攻击机从空中搜寻准备伏击的敌人，并做出攻击。

虽然这种战术在实际作战中比较有效，但是根据战场的不同，能够发挥的作用不同。比如在阿富汗和伊拉克，美军都使用了这种战术。但是因为阿富汗丘陵山地密布，能够监视的区域受到了很大限制。

在城镇中监视建筑物或者过往行人比较简单，但是如果地形复杂，很容易出现监视死角。在阿富汗地区，为了弥补这方面的不足，负责和当地人交流的绿色贝雷帽部队也要担任监视的任务。

通过监视器监控

监视器会实时监控，发现异常情况时会发出警告。

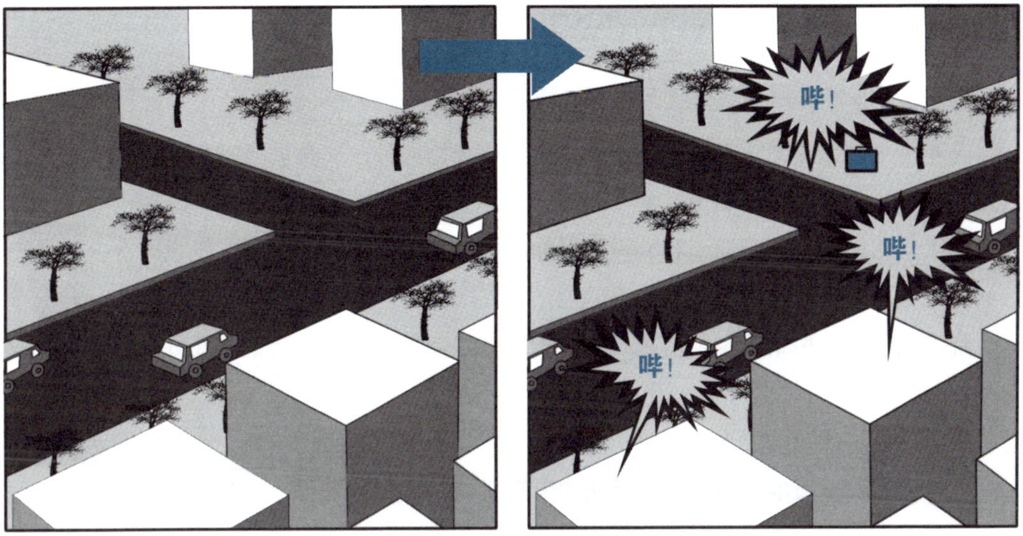

阿富汗与伊拉克的不同

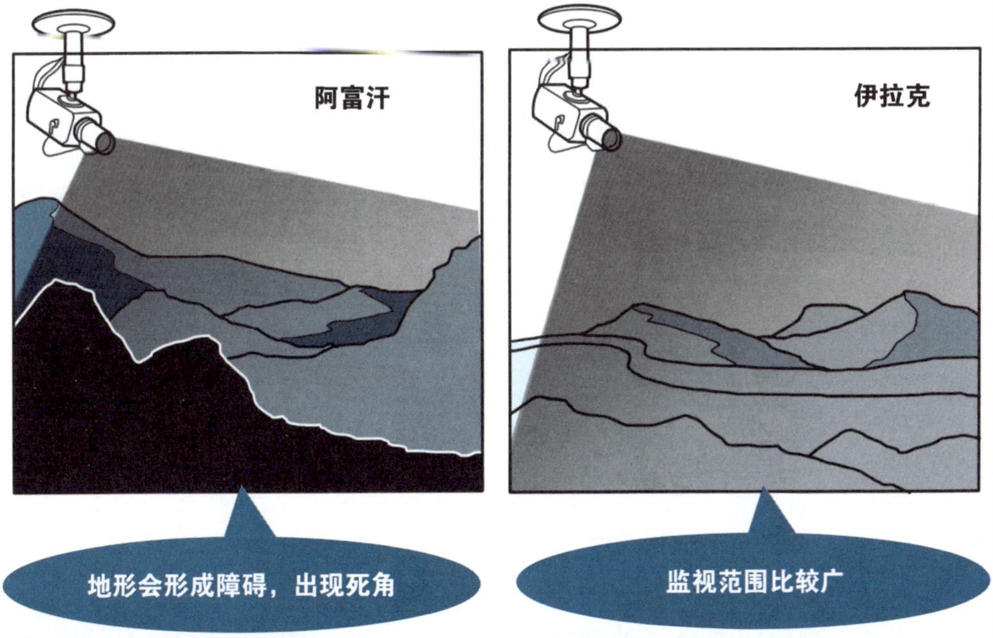

由于地形限制，所能监视的范围不同。

No.045 如何搜索路边的炸弹

在伊拉克和阿富汗，美军常常都会遭到汽车炸弹之类的袭击，虽然具体战术不同，但是处理方式是相同的。

白天装甲车密集巡逻，晚上无人机负责监视

美军为了防止炸弹攻击，采用的战术大致可分为两种：一是进行密集地巡逻，二是通过无人侦察机或者监视器监视。

白天以防地雷装甲车巡逻容易被设置炸弹的主要干道和补给路线，发现异常以后通知工兵前来处理。

晚上则由无人侦察机负责监视，通过夜视装置或者温度感应装置捕捉可能在路边埋设炸弹的可疑分子。

除了使用非武装的无人侦察机，无人攻击机也常常担任监视任务。这样在发现敌人以后就能够直接发射对地导弹，无需呼叫攻击机或者武装直升机就能消灭敌人。

但是在实际作战中，这种方式并不常用。因为无论是从战术角度还是战略层次来说，如果能够抓住敌人，所能获得的情报要比杀死敌人的价值高很多。

为了能够成功抓获目标，准确地预测敌人的动向非常重要。地面部队可以预先埋伏在预测的地点附近，一旦无人侦察机发现目标，可以迅速靠近将其抓获。

仅仅是被动地寻找炸弹并不能从根本上解决恐怖分子或者武装分子袭击的问题，最好的办法是掌握主谋的行动。

发动炸弹攻击通常有策划者、炸弹的制造者、设置者、引爆者、支援者等多个集团参与。只消灭设置者并没有太大意义，揪出集团的策划者才能斩草除根。

因此，从设置炸弹的人口中问出有价值的情报，对于日后分析炸弹攻击或者找出幕后集团有着非常重大的意义。

防止路边炸弹的两种战术

按照白天和夜晚划分，严密防止敌人攻击。

白天

以防地雷装甲车巡逻容易被设置炸弹的路线。

夜晚

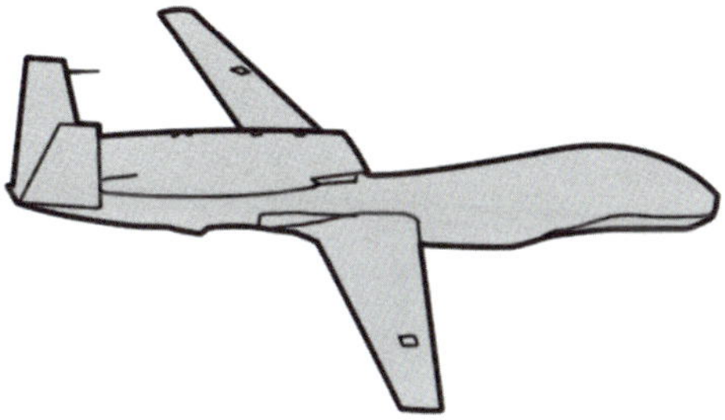

用无人侦察机侦察，也会用无人攻击机监视攻击。

恐怖袭击的幕后策划者才是根源所在

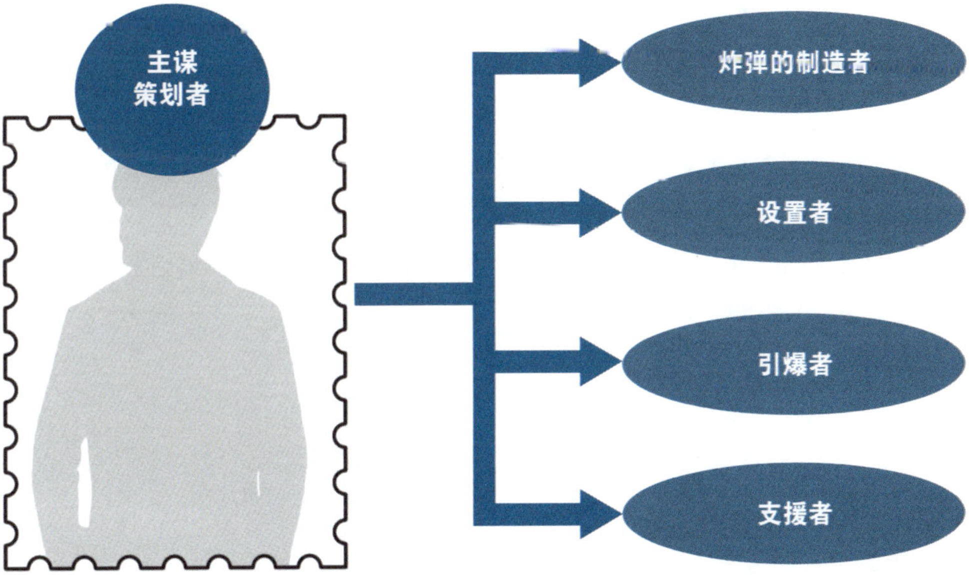

策划者统筹整个恐怖分子集团，按计划发动炸弹攻击，其他人则像壁虎的尾巴，就算砍掉依然会长出来。

No.046 不适合坦克行驶的山地

坦克在平原或者沙漠作战中，射程可以超过 3000 米，但是在山地中，各项性能都会受到地形的限制。

山地作战时主炮角度有限，对于高处的敌人无可奈何

在山地地区，无论是地形还是交通设施，都制约了坦克等装甲车辆的机动性和火力。

另外，将坦克等装甲车投入到狭窄的地形中作战的话，在面临威胁的时候很难规避，危险系数也大为上升。

比如苏联 / 俄罗斯生产的 RPG 火箭筒就是坦克等装甲车辆的天敌。由于其价格便宜、性能优越，因此在世界各地都很受欢迎。尤其是阿富汗和伊拉克的武装分子，RPG 火箭筒是他们对抗美军坦克等装甲车辆的主要武器。

RPG 火箭筒是一种单兵使用的反坦克武器，可以穿透 320 毫米厚的装甲，射程 1000 米，加上其操作简单，命中精度比较高，只要经过一定的培训，大多数人都能够使用。它也因此成为阿富汗武装分子对抗美军坦克的有力武器。

我们知道，坦克装甲最厚的地方就是炮塔装甲，如果从高处攻击坦克的话，很难收到效果。但是装甲薄弱的车体则是坦克的最大弱点，RPG 火箭筒能够击穿大多数现役坦克的车体装甲。

另外，坦克等装甲车的乘员主要是待在车内，视野很狭窄，很难察觉躲在暗处伺机攻击的敌人。但是如果打开舱盖观察的话，又很容易遭到敌人的狙击。

坦克在山地发起攻击时也与在平原上作战不同，主炮的角度有限，对于高处的敌人无可奈何。

正是鉴于种种不便，在阿富汗作战的北约多国部队，几乎很少将坦克等装甲车投入到战场中。

RPG 火箭筒的特点

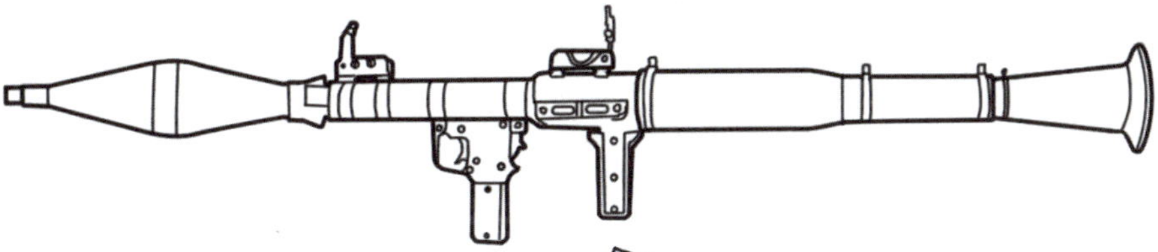

- 能够穿透 320 毫米厚的装甲
- 射程约 1000 米
- 单兵就可使用
- 命中精度比较高
- 价格便宜

从高处攻击

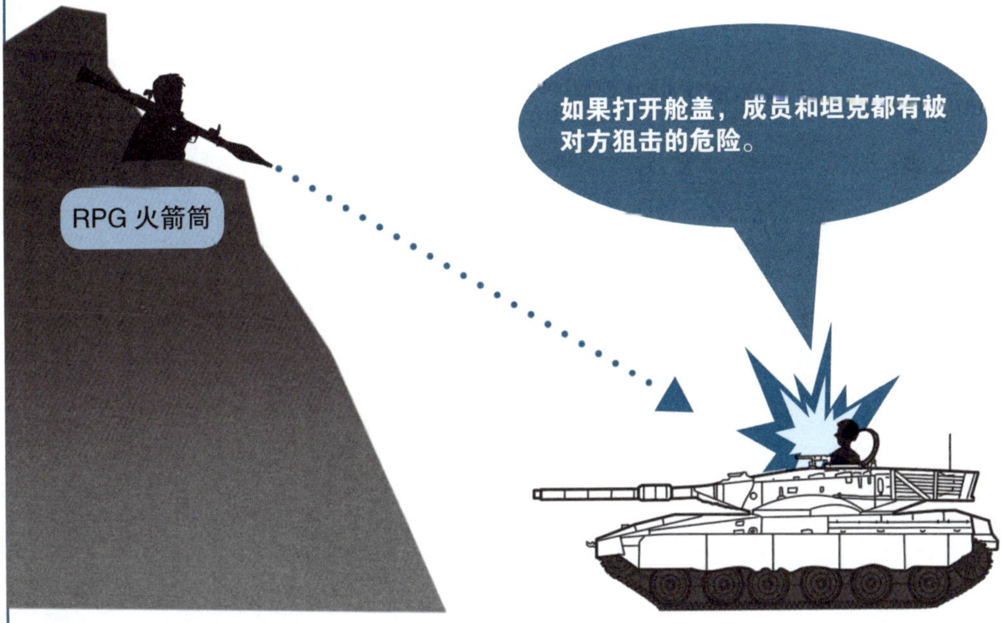

坦克的炮塔部分是最为坚固的，上方的攻击很难破坏坦克。

No.047 坦克如何在山地环境下作战

阿富汗地区以丘陵和山地为主，并不适合坦克作战。但是美军从 2010 年起，开始将新型的 M1A2 主战坦克投入战场，并取得了一定战果。

针对新地形的新战术，与步兵部队紧密配合

美军介入阿富汗以后，坦克等装甲车一直都不是作战的主要力量。这是因为当地的地形限制加上道路状况不佳，并不能完全发挥坦克等装甲车的作战能力。

在阿富汗战争中，美军使用最多的就是“步兵战车”(IFV)和“防地雷装甲车”(MRAP)。

步兵战车是一种以运输步兵为主要目的的车辆，也搭载有火炮，可以进行掩护攻击。但是步兵战车的装甲防御能力并不强，无法承受反坦克武器的攻击，对地雷、炸弹等防御力不足。

为此，美军投入了防地雷装甲车，防地雷装甲车的防御力大为增强，但是重量也有所增加，在泥泞道路或者路况比较糟糕的地带会显得越野能力不足。

针对以上情况，美军再次将坦克投入战场，不过为了能够有效发挥坦克的作战能力，制定了新的战术。

新的坦克战术与过去有所不同，坦克不再用于直接与敌人作战，而是作为一种威慑性武器。

也就是说，在作战时，并非以直接炮击敌人为主要目的，而是倚仗强大的火力和自身的防御力对敌人造成心理恐慌，作为一种辅助性工具用来破坏敌人藏身的建筑物，帮助步兵突入建筑物。

阿富汗的战斗主要是在村庄或者山地进行，房屋大多不是“水泥+钢筋”的框架式结构，很容易被破坏。坦克虽然无法攻击到高处的敌人，但是和步兵部队紧密配合，新战术收到了比较有效的效果。

美军的主力步兵战车

步兵战车是美军在阿富汗的主要战斗力量之一

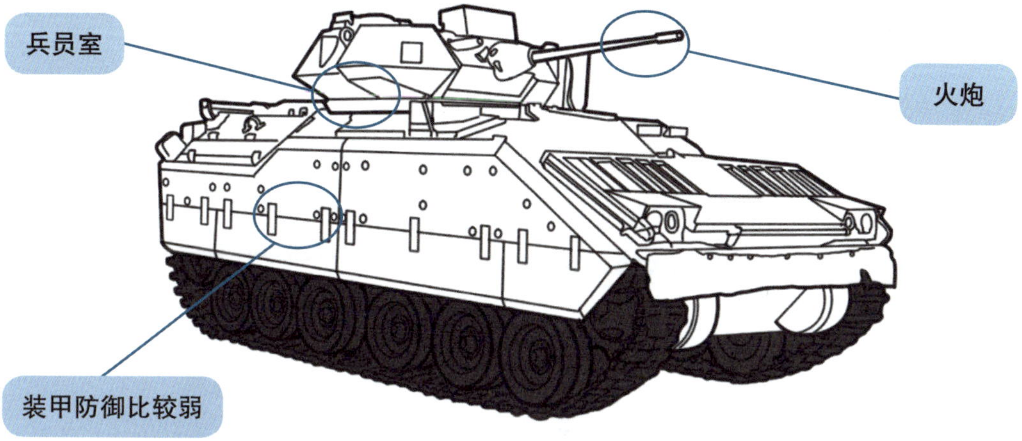

新的坦克战术

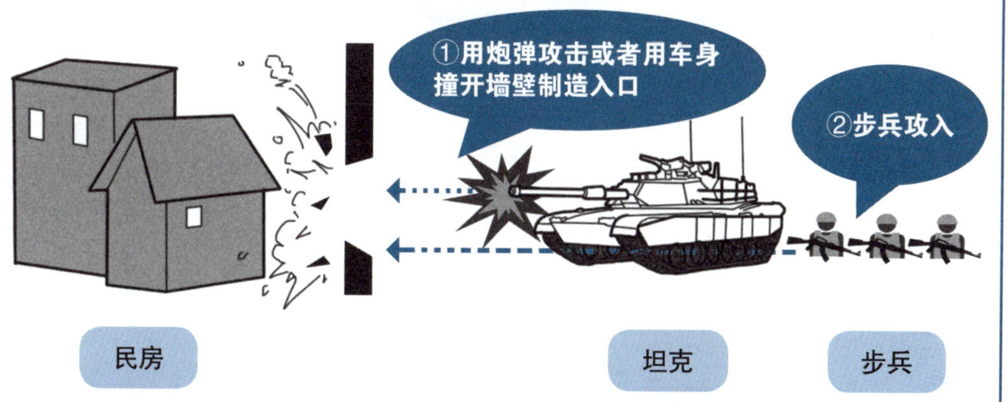

与过去的战斗方式不同，新的坦克战术是把坦克作为一种威慑性工具，通过炮击破坏建筑，为步兵攻击提供便利。

No.048 指挥官对战术的影响

每个指挥官都有自己的作战理念，贯彻到战场上以后，对战术的影响非常明显。

从文化上接近当地人是比作战更为重要的工作

美军在阿富汗地区作战时，纯粹的军事行动并不能从根本上解决问题，语言、文化是其最大的障碍。无论是想要了解当地部族还是让当地部族了解自己的理念，语言和文化都是美军所需要克服的难题。

从 2008 年开始，美军改变了以往以军事作战为主的作战方式，不再单纯地通过战斗消灭敌人，而是更深入地和地方部族对话，从文化上接近当地人民。

战术的改变与美军驻阿富汗地区的指挥官更换不无关系。新任的指挥官曾在“绿色贝雷帽”部队待了 10 年之久，因此尝试将特种作战所积累的战斗经验更大范围地运用在战场上。

在阿富汗，只有与当地的大多数部族达成谅解并相互合作，才能从根本上取得战争的胜利。这位指挥官认为，要克服宗教和文化的障碍，让大多数人理解美军并非他们的敌人，是比作战更为重要的工作。

比如在地理位置上非常接近塔利班组织发祥地坎大哈的赫尔曼德省，状况十分混乱，大多数人所期望的都不是战争，而是和平。尽管有着和平的愿望，但是当地人首先考虑的都是自己村落或者部族的利益，他们对当地政府的信任也远远大于对国家政府的信任，更何况被认为是侵略者的美军。

想要打破这种现状，增强与当地人的交流是必需的，美军主动去拜访当地居民，以当地部族或者村落首领为中心，与当地人聊天沟通，并给当地居民带去食物和先进的医疗服务。

比起之前的武力压制，这种战术上的变化就是源于司令官作战理念的不同。

与当地部族合作成为新战术

美军希望通过与当地部族建立相互信任的关系，以这种新战术取得胜利。

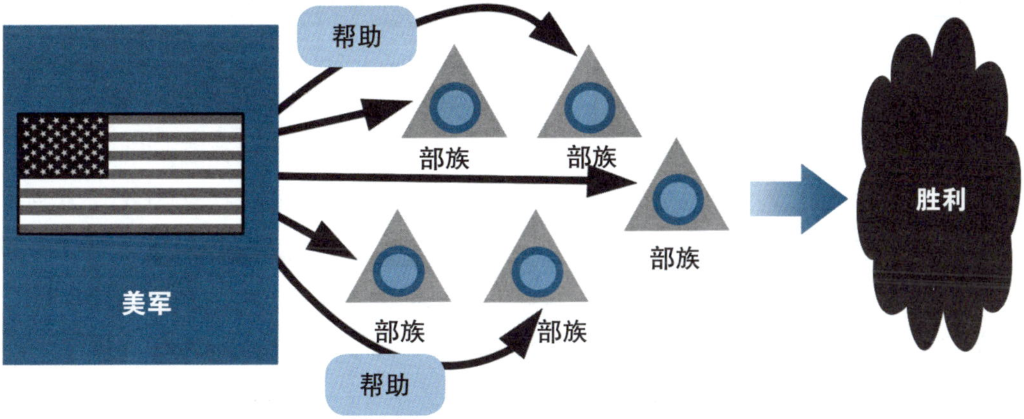

阿富汗各部族

各部族考虑问题都是以自己部族的利益为先，因此对当地政府的认同程度要高于国家政府。

美军的新战术

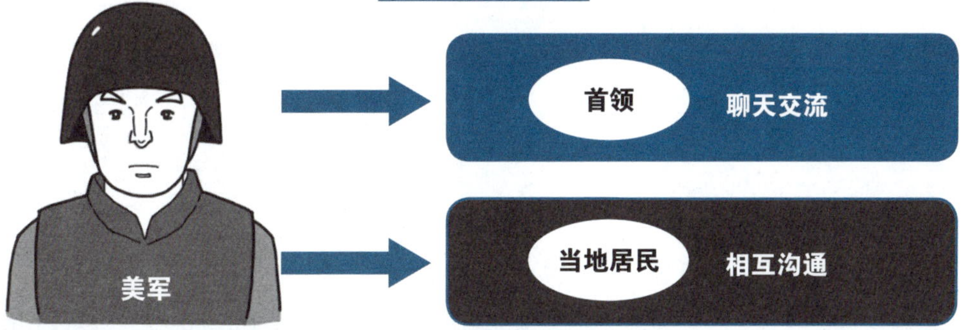

重视与当地部族或者村落首领的交流，以取得信任。

No.049 战场上的营销战术

营销原本是一种商业手段，但是在战场上也能派上用场。美军在阿富汗战场将其视为一种新的心理战术。

利用当地居民的心理“促销”自己的理念

营销通常都是为了大量销售某些商品而大肆做广告、搞宣传的一种销售模式，利用对消费者心理的影响，刺激其购买的欲望，可以说是一种为了销售而进行的心理战。这种方式在传媒日益发达的今天尤为普遍。

美军将这种商场战术运用到了阿富汗战场上，他们使用了大量类似的营销策略。当然，他们“卖”给当地民众的肯定不是商品，而是他们所宣传的“安全、协助重建、抚育儿童”等理念。

首先，美军强调安全。安全是日常生活中一切行为的基本前提，将安全这个概念作为他们理念的核心放到到电视、广播、报纸等媒体上做广告，让当地居民了解美军来到阿富汗的缘由以及目的。

协助重建则是现代战争中的一个重要部分。美军试图令当地居民了解重建的重要性和巨大意义：国家重建工作进行得越快，重建的程度越高，当地居民的就业率就越高，经济发展就越快等。以繁荣的经济前景刺激当地居民，希望他们通过美军到来前后经济生活方面的对比更加理解和信任美军。

抚育儿童则是关系到国家未来的重要工作，阿富汗经济落后，教育文化建设严重不足，美军以此为营销概念，向当地居民灌输新的生活方式和教育模式，希望使其更易接受美军理念。

虽然这些营销方式看似有用，但是阿富汗地区文化、风俗、村落、部族等复杂的因素纠缠在一起，并未收到多大效果。

营销策略

企业常常通过大量营销策略，刺激消费者购买商品。

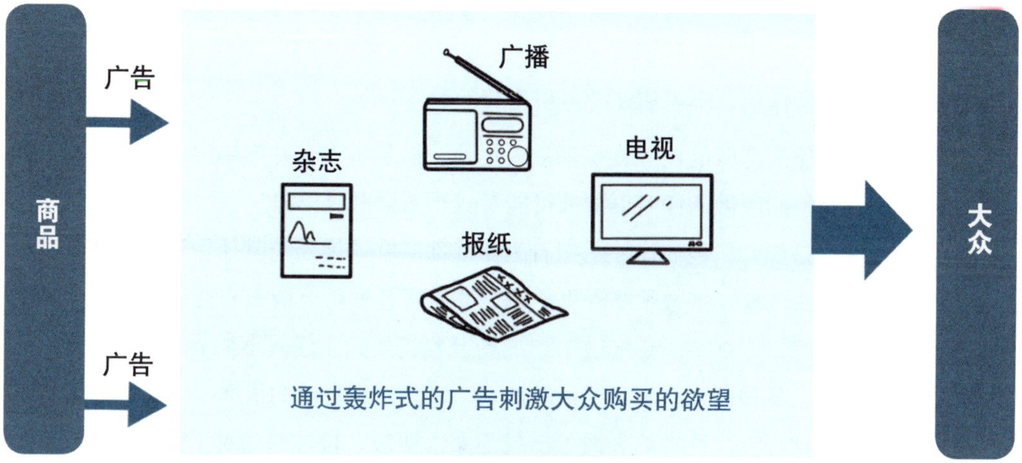

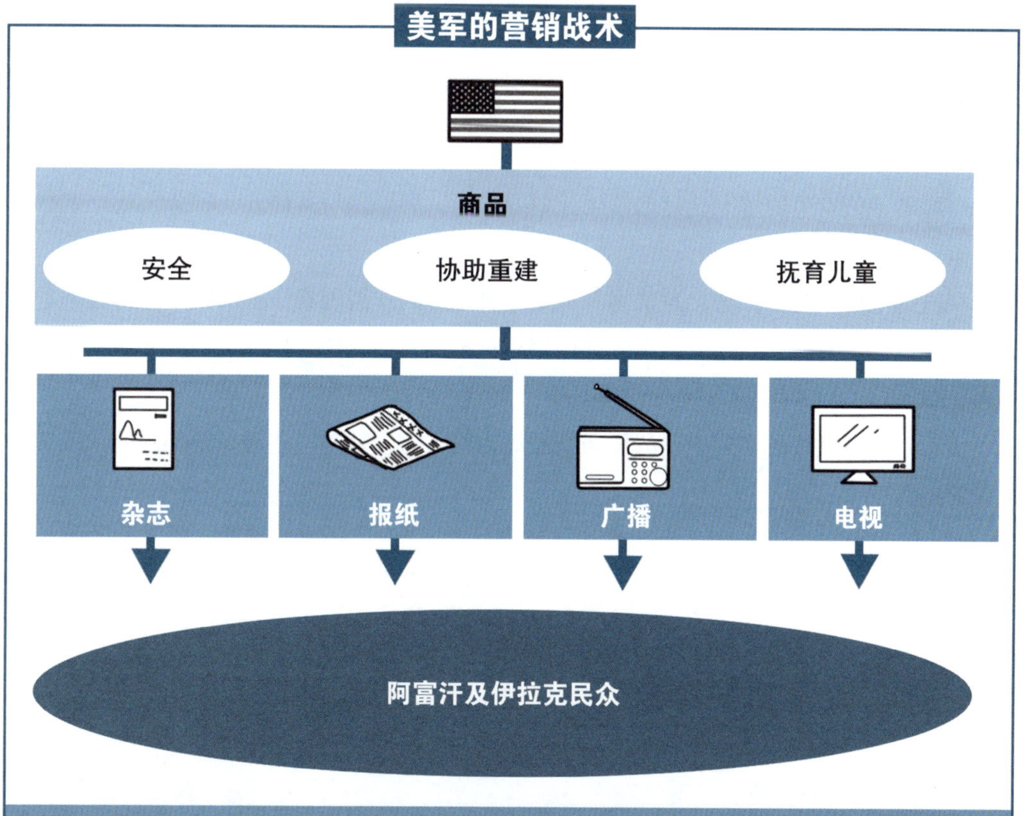

美军通过媒体宣传“安全、协助重建、抚育儿童”等理念。

No.050 导致作战失败的原因

通常认为，国力、战略、战术等是导致战争胜负的主要原因，但是在实际中，一些细节往往也能决定作战成败。

各种因素的综合作用，小毛病往往会引出大问题

通常我们认为作战部队的任务就是和敌人战斗，但是事实上并不局限于此，从他们踏上战场的一刻起，他们所做的任何事情都可能对战斗结果造成影响。

非战斗部队也是如此，他们往往承担着为作战部队补给弹药与其他物资的任务。无论是运输过程还是路线选择，都必须要深思熟虑，并做好各种防范措施才行。

有一句话说得好，“细节决定成败”。战场上尤其如此，任何小细节都必须留意，要综合考虑各个细节、各种因素，制定缜密的计划，以此作为行动的依据。

如果不能看到这一点，任务的失败可能成为家常便饭。特种部队对于作战指令、作战计划等都会经过二次确认甚至三次确认，重复检查作战计划，避免任何可能影响作战的因素。

但是实际中，士兵往往会忽略某些因素，影响作战计划的实施。比如在行动途中，发现车辆的燃料不够；或者事先没有调试车辆，在途中出现故障等。

这些本不该发生的情况会延迟作战计划的实行，如果是与其他部队联合作战，这些问题甚至会影响到最终的胜负。

在城镇中作战时，交通、建筑物等都是需要考虑的作战因素。本来城镇中交通流量就比较大，有时为了作战，军队甚至要和民用车辆抢道，很可能会导致车祸或者遭到炸弹的袭击。

美军在伊拉克战场和阿富汗战场遇到的炸弹袭击常常就是一些看似不起眼的人或者汽车发起的。

战前准备十分重要

战前的准备工作：二次确认、三次确认甚至多次确认各项准备工作

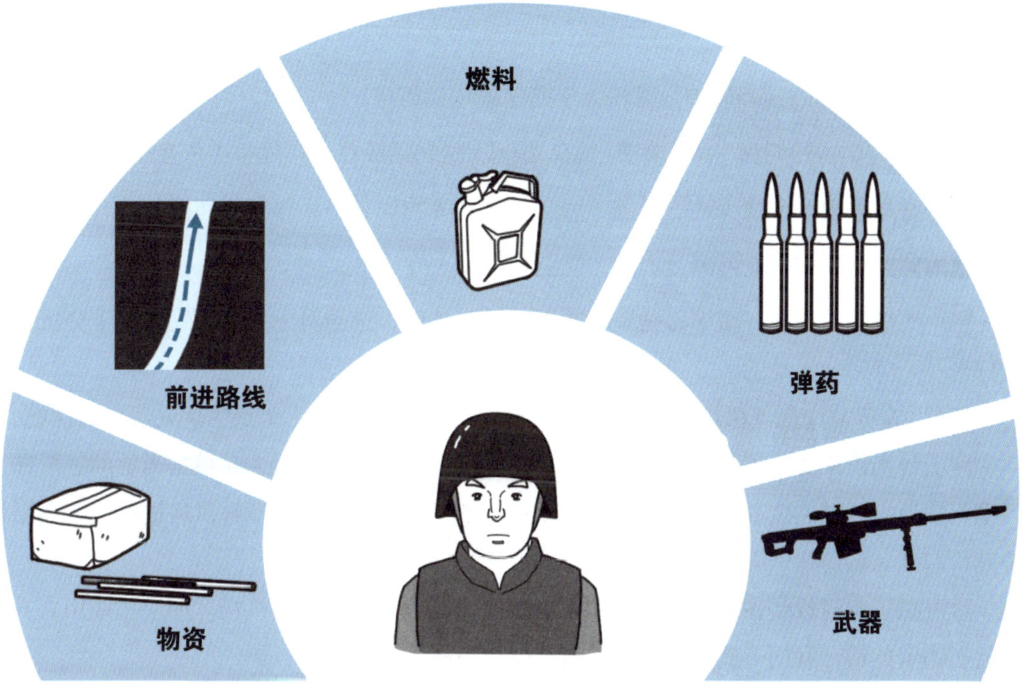

联合作战的事先确认更重要

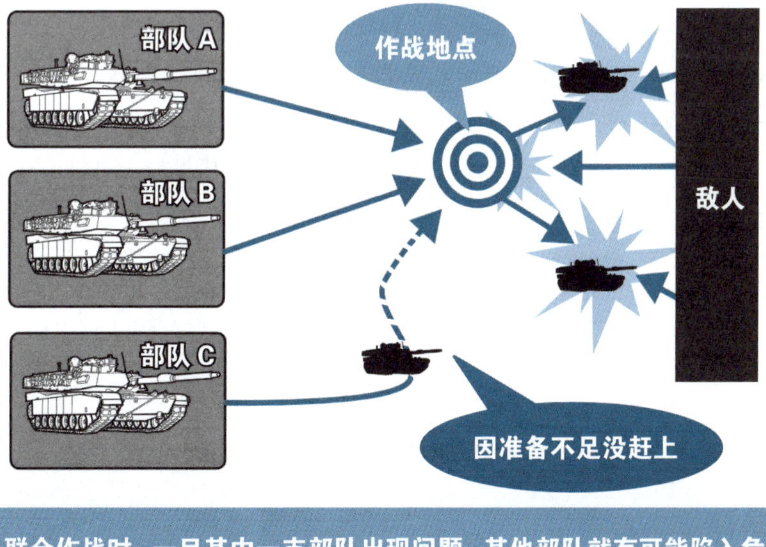

多部队联合作战时，一旦其中一支部队出现问题，其他部队就有可能陷入危险当中。

No.051 战场上如何建造临时机场

现代战争中，各种飞机已经成为战争不可或缺的作战工具，而机场是飞机必不可少的起降平台。

用于集散物资的基础设施，面积大小随作战规模而定

中国有一句古话叫做“兵马未动，粮草先行”，这句话放在现代战争中依然是一个真理。各种物资是战争中不可缺少的，武器、弹药、食物等物资是士兵作战的前提，只有这些后勤补给的问题得到完善地解决，士兵才能全身心投入战斗中。

在一些极端的作战环境中，物资往往无法及时补给，这会对士兵的士气造成十分沉重地打击。

因此，在作战中保证机场、铁路、道路的控制权，是战略、战术上最为优先考虑的课题。

在前线用于接受物资的机场，大多都是临时机场。通常会派遣工兵根据当地的地形和环境，快速有效地建造临时机场，机场的规模一般不会太大，只要能够供运输机或者大型直升机起降，输送物资即可。

这类机场有时候是占领敌人的军用机场，有时则直接改造民用机场。如果主要用直升机运送物资的话，利用一些平坦的地面就可以充当机场。

在确定了机场的位置以后，工兵部队就会开始动工，各种材料会通过车辆或者直升机送达。机场整体结构建设完毕以后，还要建造燃料库和塔台。

当基本的建设工作完成以后，就可以立即开始运送物资，通过运输机或者直升机把物资送到机场，再用车辆从机场补给到各个基地或者前线。

战争规模越大，临时机场的面积也就越大，而且还会相应增加作战室、居住区、医疗室、娱乐室等基础设施。海湾战争中，美军在沙漠中建造的临时机场每天可供1000~2000架次飞机起降。

机场在保证物资方面作用显著

为了保证前线的物资补给，临时机场是必不可少的。

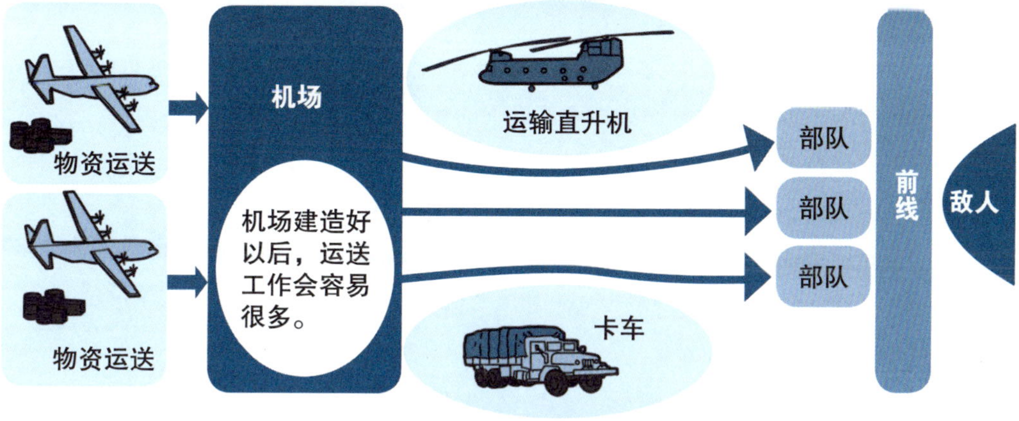

根据重要性逐步建设

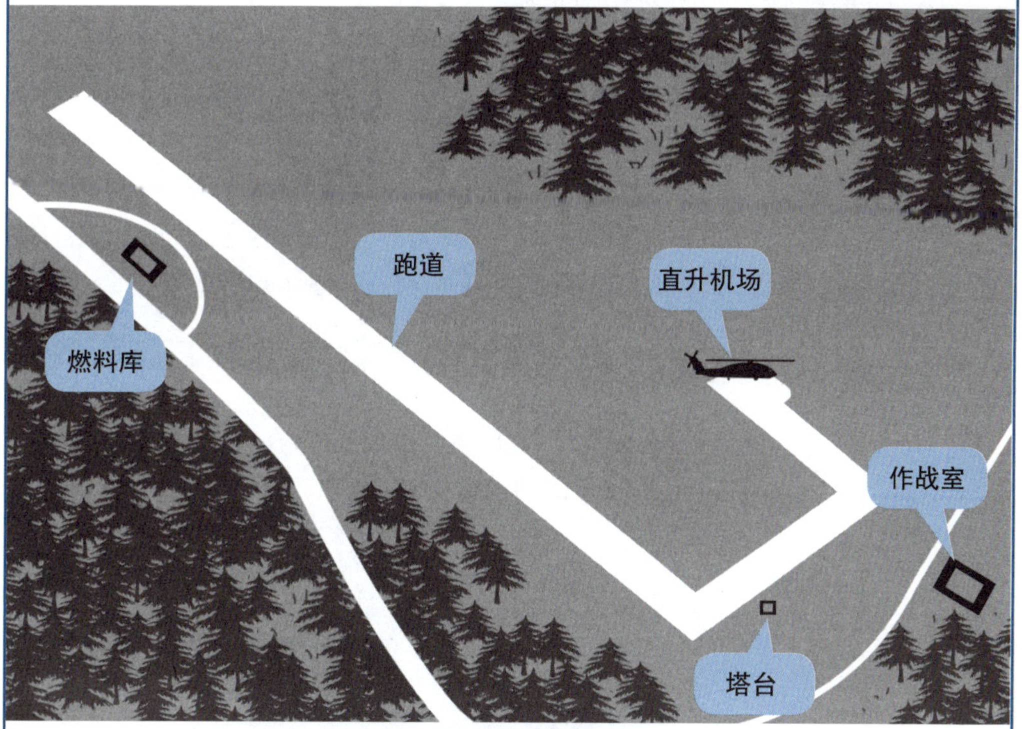

机场周围的警卫部队是必不可少的

专题：民事作战的指挥机构

以最擅长民事作战的美军来说，负责民事作战的机关以美国国务院的官员和分布在世界各地的美军联合作战司令部麾下的各支部队为主。此外，心理战、情报战的专家以及特种部队也会适时参与到民事作战当中。美国陆军还设置了美国陆军民事与心理战司令部这样的机构，专门负责民事和心理作战。

通常民事作战的作战计划是由美国军方和国务院双方协同制定的。有时国务院的政策、目的与军事作战战略、战术并不一致，军方必须要采纳国务院官员在政治、外交层面上的建议，对军事行动做出调整。

作战开始以后，美军会专门设置“民事作战指挥中心”，这个机构相当于民事作战任务的司令部。在军事作战部队完成作战任务以后，民事作战指挥中心负责派遣民事作战部队前往战场。民事作战部队大多是由隶属于民事、心理作战司令部的预备役部队构成。一些特种部队则有自己专门的民事部队。

美国陆军的民事作战部队由公共卫生、社会福利、基础设施建设、经济建设、政府、教育与情报等专门部门构成。这些方面并不是职业军人所擅长的，必须要从相关行业中抽调预备役人员才行。

其他一些民事作战任务所需的人员也都具有非常高的专业性，同时也是整个民事作战中不可或缺的部分。比如运输部队是整个行动后勤补给的重要支柱，工兵部队是各种建设工作中不可缺少的重要力量，医疗部队不仅能够医治受伤士兵，在当地医疗卫生建设中也能发挥很大的作用。

第四章
武器装备

No.052 巷战中的有效武器

巷战中双方的交战距离比较近，在这种距离中，使用最多的武器就是突击步枪或者卡宾枪。

根据实际情况战斗，采用新战术可适当弥补武器的缺陷

目前美国陆军以及海军陆战队士兵使用的主要武器有：M16 突击步枪、M4 卡宾枪以及同口径的 M249 班用机枪。

这些武器原本并不是专门为巷战设计的，因此在巷战中使用时或多或少都会有一些不便之处。

比如这几种枪使用的都是 5.56 毫米中间型威力枪弹，这种枪弹在近距离时弹速很高，容易穿透人体，停止作用不足。除非是命中头部或者胸部等要害，否则很容易遭到敌人反击。

M249 班用机枪最大的问题不是枪弹，而是机枪本身，从 1982 年被美军采用，至今已经服役三十多年，枪机结构等日益老化。

另外，像美军在伊拉克战争中进行的巷战，经常要突入建筑物内作战。突击步枪或者机枪在转身操作时并不方便，因此手枪是巷战中不可缺少的武器。

美军的制式手枪是 M9 手枪。M9 手枪本身故障率比较高，9 毫米手枪弹的威力有限，很难一击毙命。弹匣设计也有一些缺陷，容易出现卡壳。

总而言之，在实际作战中，士兵要清楚地了解自己手中武器的优缺点，使用时也要做好随时改变战术的准备。比如可以适当调整弹头重量或者加装瞄准具等，以增加杀伤的效果。

同时，针对实际情况的新战术也可以适当弥补武器的缺陷，比如将原本是支援武器的 7.62 毫米 M240 机枪作为战术核心。M240 机枪的威力要比突击步枪或者手枪大很多，可以轻松穿透墙壁，消灭躲在墙后的敌人。

M249 机枪与所用的 5.56 毫米枪弹

5.56 毫米枪弹

光学瞄准具

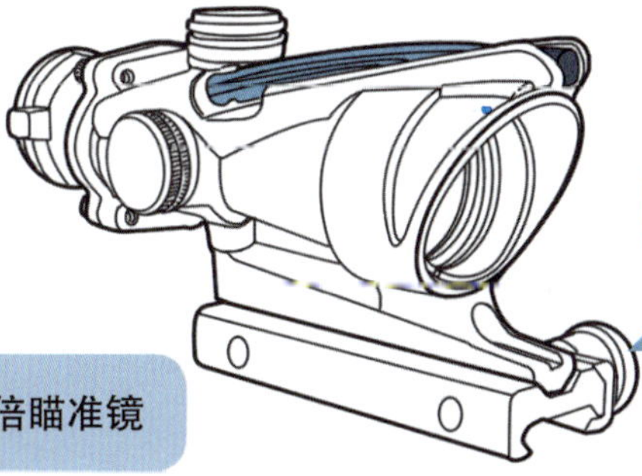

ACOG 4 倍瞄准镜

M240 机枪与 7.62 毫米枪弹

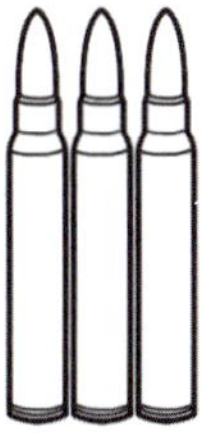

7.62 毫米枪弹

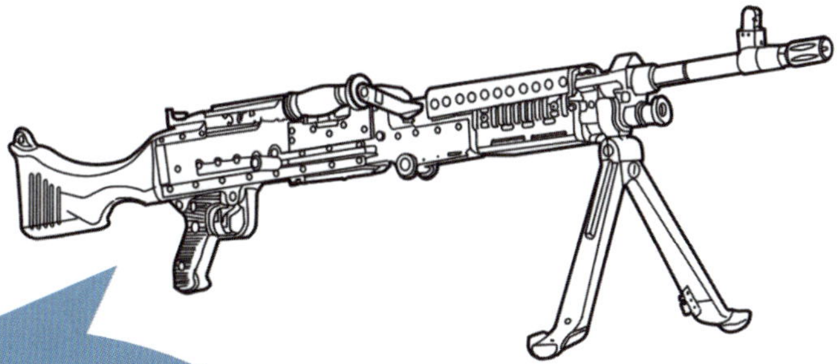

No.053 不同时期使用的不同枪弹

二战后，中间型威力枪弹受到追捧，这种枪弹在命中目标以后的穿透力比步枪弹弱，造成的伤害更严重。

打伤对方士兵比击毙对方士兵更能削弱战斗力

在越南战争中，美军使用的 M16A1 突击步枪是世界上第一种列入正式装备的小口径步枪。M16A1 所使用的 5.56 毫米中间型威力枪弹穿透力比普通步枪弹弱，命中目标以后会在目标体内翻滚，造成的伤害比普通步枪弹更严重。

战场上如果打伤对方一名士兵，这名士兵所需的医疗人员以及帮助运送伤员的士兵就要 3~4 名，比打死对方一名士兵造成的战斗力削弱更多。此外，伤者所受的痛楚会令其他士兵感到恐慌，一定程度上能起到心理威慑的作用。

当时美军的 M16A1 突击步枪所使用的枪弹是 M193 步枪弹，口径 5.56 毫米，弹头重 56 格令（约 3.6 克）。而北约各国对于这种枪弹的使用有不同的看法，他们认为这种枪弹的穿透力和命中率还有待提高。

这是因为，北约各国认为自己还有可能面临战争的危险，而 N193 步枪弹的穿透力并不足以贯穿当时已经普遍装备的防弹背心与头盔。加上使用 M193 步枪弹的 M249 班用机枪对于目标的压制能力不足，这令北约各国十分担心。

为此，北约各国将弹芯改为钢制。这种改进后的枪弹是 SS109 步枪弹，弹速更高，穿透力更强，重量也更重，达到 62 格令（约 4 克），威力要比美军所使用的 M193 步枪弹强上不少。

美军鉴于这种情况，将 M16A1 步枪改良为使用 SS109 步枪弹的 M16A2 步枪。此后，M16 突击步枪仍然继续改良，目前美国陆军使用的是其缩短型 M4 卡宾枪，海军陆战队使用的是射程更远的 M16A4 突击步枪。

M16A1 突击步枪

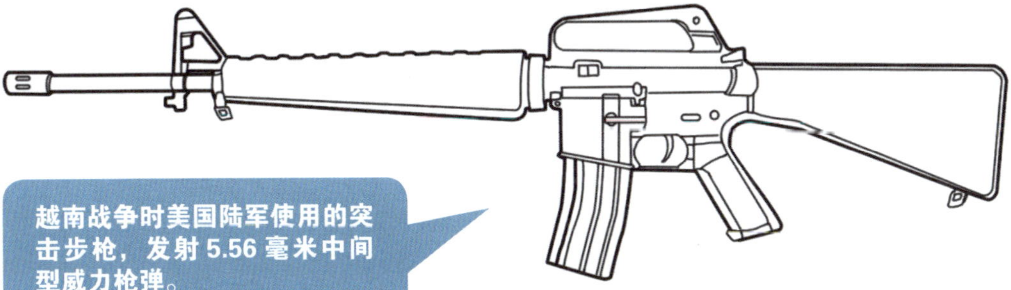

越南战争时美国陆军使用的突击步枪，发射 5.56 毫米中间型威力枪弹。

枪弹的变化

美军规格

M193 步枪弹
弹头重约 3.6 克

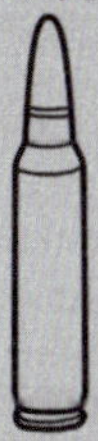

穿透力比较弱，但命中后杀伤力强。

北约规格

SS109 步枪弹
弹头重约 4 克

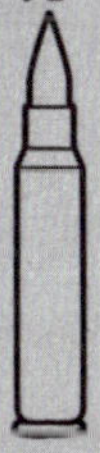

穿透力强，能够贯穿头盔和一般的防弹背心。

M16A4 突击步枪

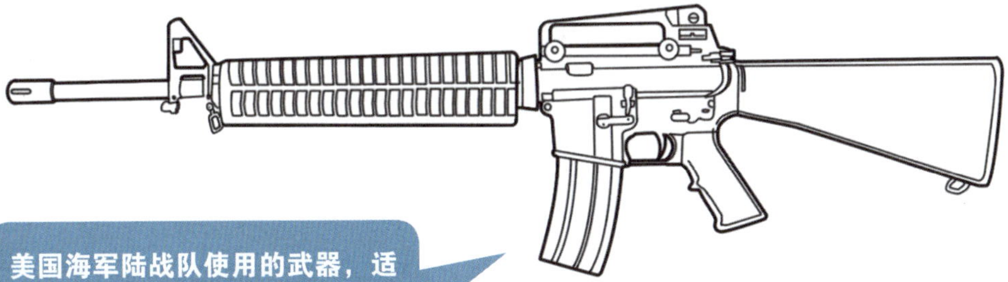

美国海军陆战队使用的武器，适合在近距离作战，也可攻击远距离目标。

No.054 特种部队专用步枪

美军的特种部队往往会针对任务选用各种尖端装备，武器方面也是如此。

美军特种部队的专用枪械“SCAR”，可进行个性化调整

目前美军的一些特种部队使用的枪械是一种名为“SCAR”的突击步枪，SCAR是“Special operations forces Combat Assault Rifle”的缩写，意为“特种部队专用的步枪”。

这种步枪由比利时FN公司生产，有两种主要版本，可分别使用北约制式7.62毫米步枪弹和5.56毫米步枪弹。

SCAR突击步枪最大的特点就是采用了模块化设计，可以轻松地在两种口径之间切换，两种口径又能分别改装成远战和近战模式。此外，SCAR突击步枪还可以快速更换少量零件就可以使用AK-47突击步枪的7.62毫米步枪弹以及雷明顿公司新研发的6.8毫米步枪弹，具有很强的战场适应能力。

这种设计对于特种部队来说非常实用，只需要更换枪管，他们就可以根据作战需要的不同选择不同口径的弹药，而且可以根据作战目的或者目标距离调整枪管长短，调整射击距离，以枪械的最佳状态进行射击。鉴于个人习惯或者作战环境的不同，可调节枪管这一设计在实战中堪称创举。

SCAR突击步枪的射击方式与M16突击步枪等直接利用发射气体的直喷式气动操作不同，采用的是“短行程活塞传动式”（Short stroke），利用发射气体推动活塞运动，活塞的活动范围有限，枪支重心变化比较小，有利于提高射击精度。

SCAR突击步枪的射速比较低，600发/分，是M16突击步枪或者M4卡宾枪的三分之二，这样使得SCAR突击步枪在全自动射击时更容易控制。

此外，其枪身可以安装光学瞄准具或者手电筒等外设装置，可以这么说，SCAR突击步枪是一款可以供使用者根据个人需求进行个性化调整的新一代突击步枪。

SCAR 突击步枪的两种主要版本

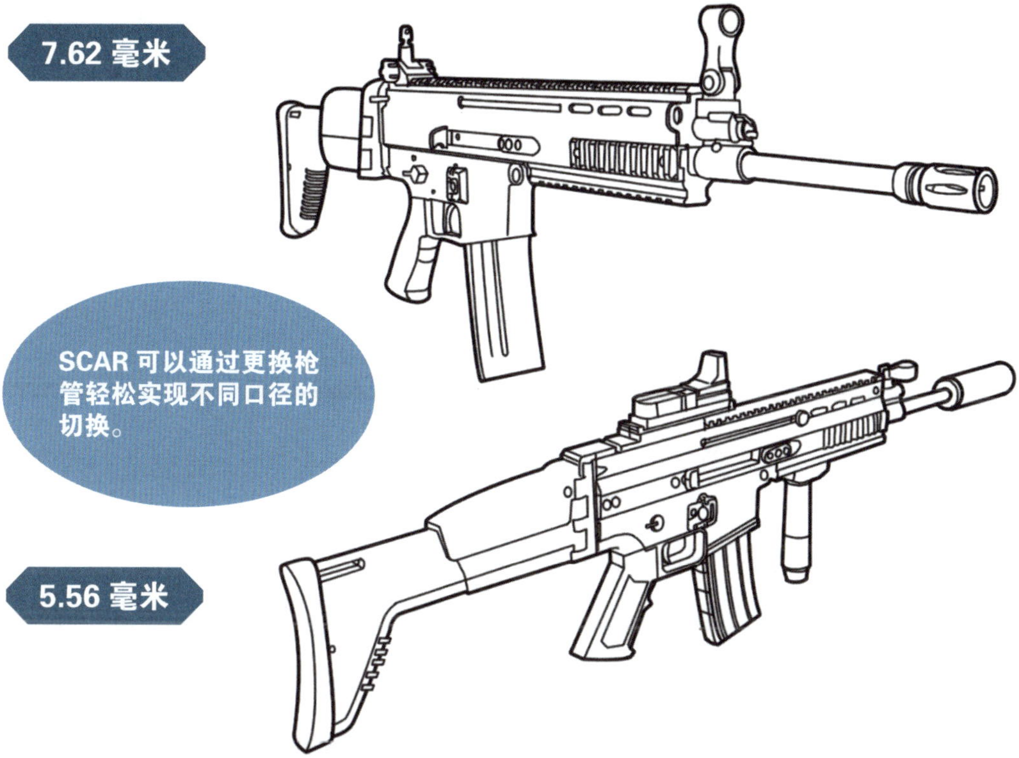

直喷式气动操作和短行程活塞传动式

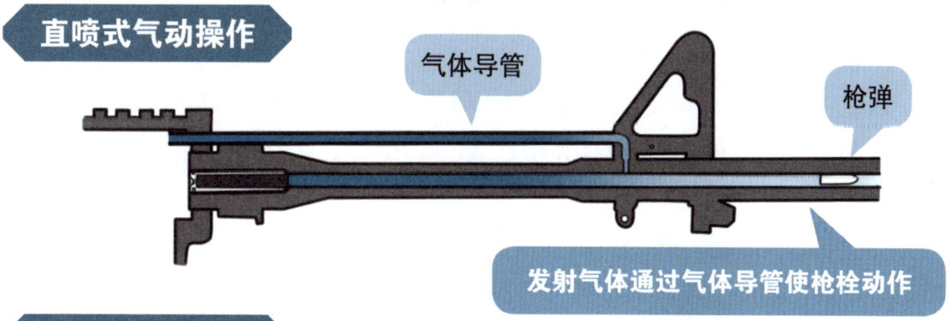

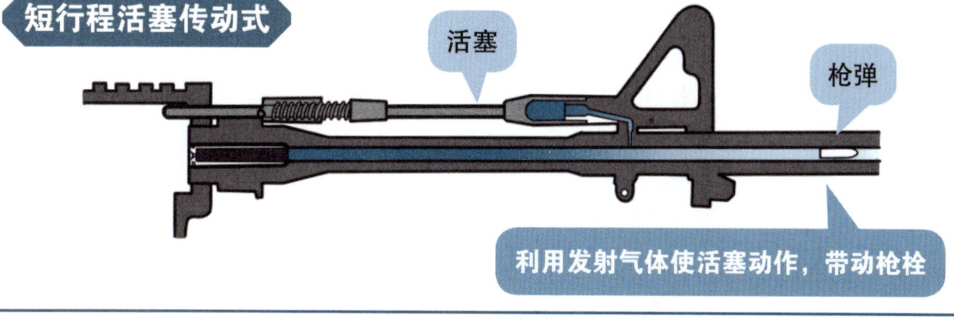

No.055 特种部队专用的弹药

有的美军特种部队虽然使用的也是 M4 卡宾枪，但是他们的枪弹却并非北约的 SS109 步枪弹。

APLP 步枪弹：既欺“软”也不怕“硬”

M4 卡宾枪是美国陆军和特种部队的主力武器之一，与 M16 突击步枪相比，M4 卡宾枪的枪身更短，在巷战中更加适用，但是，其所用的北约制式 SS109 步枪弹颇受微词。

尤其是常常执行特殊任务的特种部队士兵，对 SS109 步枪弹非常不满，这种枪弹的穿透力太强，停止作用不足，战斗中常常要连续发射多发枪弹才能打倒敌人。

针对这种情况，美军对特种部队使用的枪弹进行了改良，调整弹头的重量，或者改变弹头形状，以求能够提高枪弹的杀伤力。

这就是后来配发给特种部队使用的 APLP 步枪弹，弹头重量 60 格令（约 3.9 克）。这种枪弹有着非常特殊的性能，在命中坚硬物体以后具备很强的穿透力，若是命中柔软的目标则会膨胀变形，造成致命伤害。

美国军方原本对这种枪弹并不感兴趣，因为仅仅是以明胶或者动物做实验并不能说明其实用性。但是在伊拉克战场上，不受军方管辖的保安公司率先使用了 APLP 步枪弹，这种枪弹的威力得到了实战证明。特种部队也因此立即装备使用。

APLP 步枪弹的性能虽然优越，但是对同伴的威胁也更大，一旦发生走火或者误伤，存活的概率很低。

因此到目前为止，APLP 步枪弹还仅限于特种部队使用，也只有特种部队队员这些用枪的专家，才能充分发挥这种枪弹的作用。

1
2
3
4
5

M4 卡宾枪的特点

APLP 步枪弹的特点

特种部队鉴于 SS109 步枪弹威力不足，采用了杀伤力更强的 APLP 步枪弹。

APLP 步枪弹的特点（弹头重约 3.9 克）

- 命中金属等硬物时会强力贯穿；
- 命中人体等软目标则会膨胀变形，造成巨大伤害；
- 对同伴的威胁也随着威力的增加而增加。

特种部队才能使用的枪弹

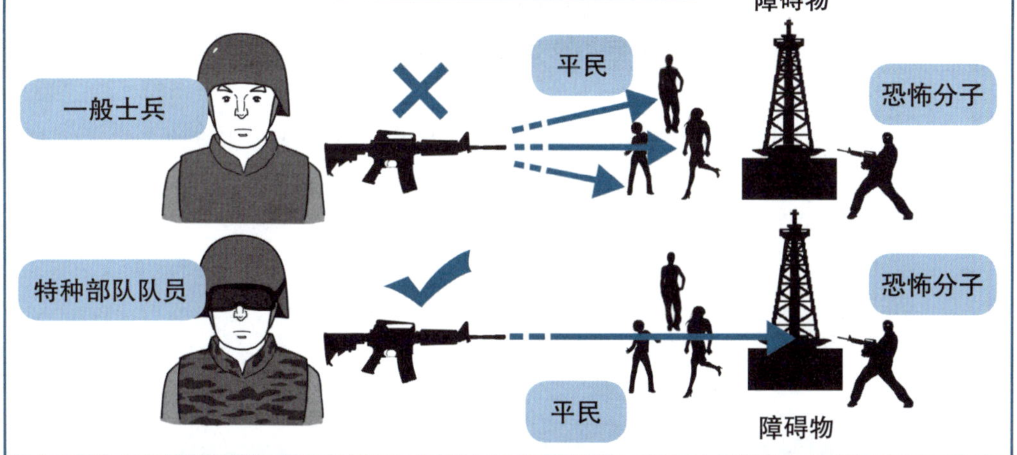

只有特种部队队员这些用枪的专家，才能发挥这种枪弹的威力。

No.056 使用 12.7 毫米枪弹的 M16 步枪

M16 突击步枪是一款非常善于自我进化的枪械，各种不同型号的 M16 几乎可以满足所有的用途。

能击穿汽车的防弹玻璃或击毁汽车引擎

M16 突击步枪从诞生以来，先后进行了多次改良，性能也不断得到提升。目前，美军使用的 M16A4 突击步枪和 M4 卡宾枪的改良工作依然在继续。

在 M16 突击步枪众多的型号中，有一种比较特殊的枪型，那就是使用 12.7 毫米枪弹的 M16 突击步枪。通常 12.7 毫米枪弹是重机枪或者狙击步枪才会使用的大口径枪弹。

M16 突击步枪所使用的 12.7 毫米枪弹与重机枪和狙击步枪所使用的不同，是经过重新加工的产品，弹头形状、弹药长度、弹壳等都有所区别。

那么，如此口径的突击步枪实战意义在哪里呢？这是因为现代战争中，以巷战为主的战场对于火力提出了更高的要求。

目前各国陆军配备的突击步枪基本都是使用小口径步枪弹的突击步枪，虽然具有射击精度、弹药数量等优势，但是在巷战中穿透力不足的缺点常常会影响作战效果。

5.56 毫米枪弹很难穿透钢筋水泥结构的墙壁，如果强行使用 5.56 毫米枪弹射击墙壁，需要耗费多发枪弹才可能击穿。此时若是使用 12.7 毫米枪弹，一发就能击中墙壁后面的敌人。

此外，M16 突击步枪在使用 12.7 毫米枪弹和使用 5.56 毫米枪弹时的操作是完全一样的，士兵很容易上手操作。

这款枪最大的特点是它能够更换 5.56 毫米规格的套件，只需要更换枪管、弹匣等部分零件，就能改变口径。

在实际使用中，与前文的 SCAR 突击步枪和 APLP 步枪弹一样，12.7 毫米口径的 M16 突击步枪是特种部队才会使用的武器，可以用来击穿汽车的防弹玻璃或者击毁汽车引擎。

使用 12.7 毫米步枪弹的 M16 突击步枪

可以使用与重机枪、狙击步枪同等口径枪弹的M16突击步枪。

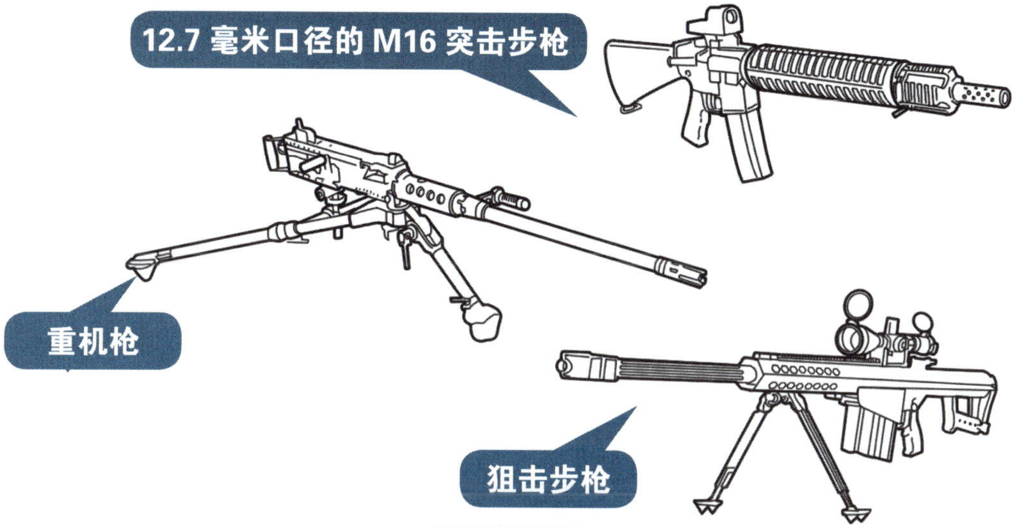

弹药对比

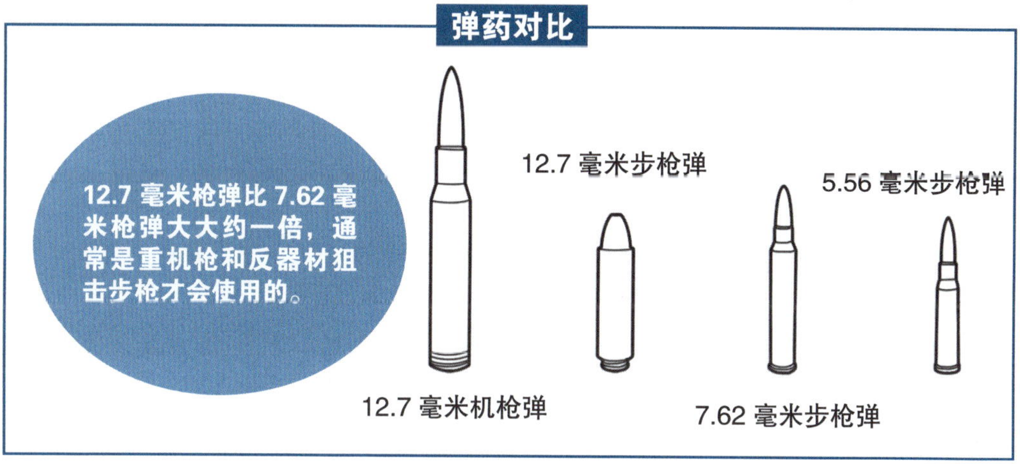

12.7 毫米枪弹的威力

No.057 如何提高巷战中的命中率

在以往的战场上，双方士兵身穿不同的军装作战，目标很明显，只要将枪弹射向敌人的方向即可。

战斗形式发生了改变，从两军对垒变成了一街一巷的争夺

在第一次和第二次世界大战中，双方各自据守阵地，架起机枪向对方扫射即可。但是，这种方式对于现代战争而言已经不再适用了。现代战争环境下，巷战是士兵作战的主要方式。

在巷战中，士兵很少会使用全自动射击或者三发点射，因为这两种射击模式在每次扣下扳机后都会发射复数的枪弹，造成枪弹的浪费。半自动射击是目前作战中最为常见的射击模式，这样不仅节约枪弹，对射击精度的影响也更小。

造成这种改变的另一个重要原因是，在巷战中，与敌人正面对峙的战斗形式很少，大多都是要攻入建筑物或者与隐藏在平民中的恐怖分子作战。为了避免伤及无辜，只能一发一发地慎重射击。

每次射击都要尽量准确地击中目标，这是特种部队训练时就反复强调的要点。因此，特种部队队员在射击的时候基本都是手动射击。即使是需要连续发射制造弹幕，也是通过连续快速扣动扳机完成。

为了进一步提高命中率，对枪支进行改良是必然的。美国陆军和海军陆战队使用的M16A4突击步枪的改良型就是基于这种理念研发的。口径不变，但是采用了竞赛用步枪枪管和光学瞄准具，以此提高射击精度，并沿用了M16A2突击步枪的三发点射模式。

对士兵而言，这种有控制的射击模式可以说是利大于弊的，一方面，士兵胡乱开枪的情况有所减少，减少了对平民的误伤；另一方面，也能从一定程度上避免在作战时被自己同伴误伤。

连射和点射

全自动射击

三发点射

特种部队制造弹幕的方式

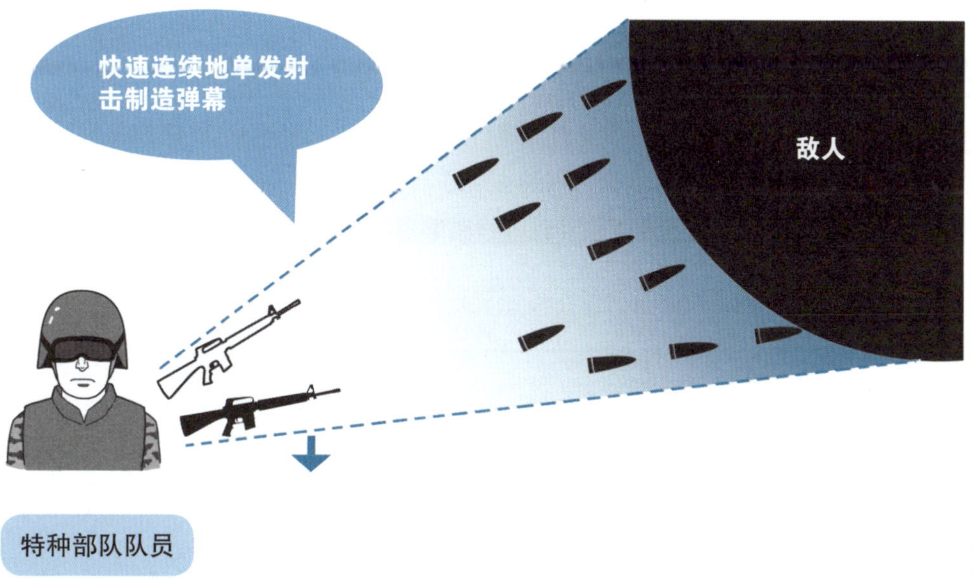

特种部队队员在制造弹幕的时候也不会扣着扳机不放，而是会通过快速连续地射击，制造枪弹分布均匀的弹幕。

No.058 一枪毙敌的攻击方式

能够一枪将目标击毙的不只是狙击手，榴弹发射器也是一种一枪毙敌的武器。

能够轻松命中目标，即使在夜晚也能指哪打哪

榴弹发射器是一种发射小型榴弹的轻武器，自二战末期以来就备受推崇。现在的榴弹发射器大多使用 40 毫米口径榴弹，能够击中 400 米远处的目标。

40 毫米榴弹的杀伤面约为弹着点半径 5 米以内的敌人，在巷战中威力尤为巨大。经过训练的射手能够准确地将榴弹射进 100 米以外的窗户中。

越南战争期间，美军使用的 M79 式 40 毫米榴弹发射器，外形与结构很像猎枪，也称“榴弹枪”，是美军为了在丛林战中取得火力优势而专门研发的武器。

除了使用榴弹，M79 榴弹发射器也常常会用来发射催泪瓦斯或者烟雾弹。负责发射榴弹的射手除了携带榴弹枪，最多只能再携带一把自卫用的手枪。这就意味着一旦被敌人近身就非常危险。

为此，美军将 M79 榴弹枪改良为可以安装在 M16 突击步枪或者 M4 卡宾枪枪管下方的 M203 枪挂式榴弹发射器。这样一来，既可以发射榴弹，同时也能用步枪射击。

M203 枪挂式榴弹发射器在阿富汗和伊拉克战场上的应用也十分广泛，常常会使用橡胶弹或者软木弹等非致命性弹头，用于镇压当地居民的示威或者暴动。

目前，美军正在对 M203 榴弹发射器进行更新换代，新型的 M320 榴弹发射器正逐步装备美军。M320 榴弹发射器不仅可以装在突击步枪上使用，也可以单独使用。此外，M320 榴弹发射器还配有激光测距仪和红外线瞄准器，即使在夜晚也能保证相当高的命中精度。

榴弹发射器和 40 毫米榴弹

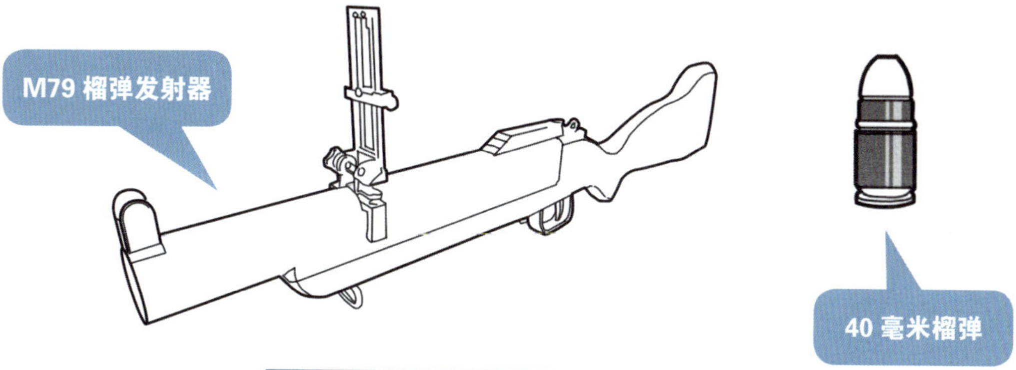

M4 卡宾枪上的 M203 榴弹发射器

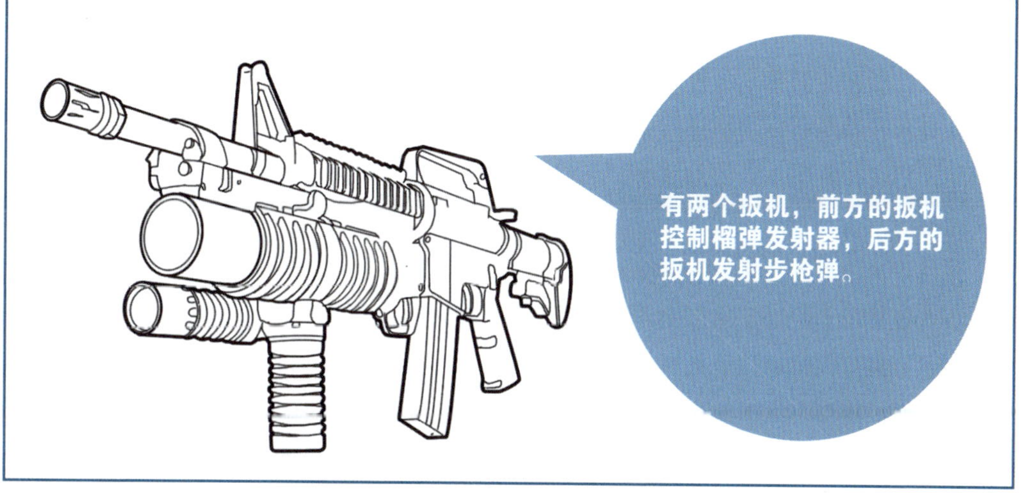

装有激光测距仪的榴弹发射器

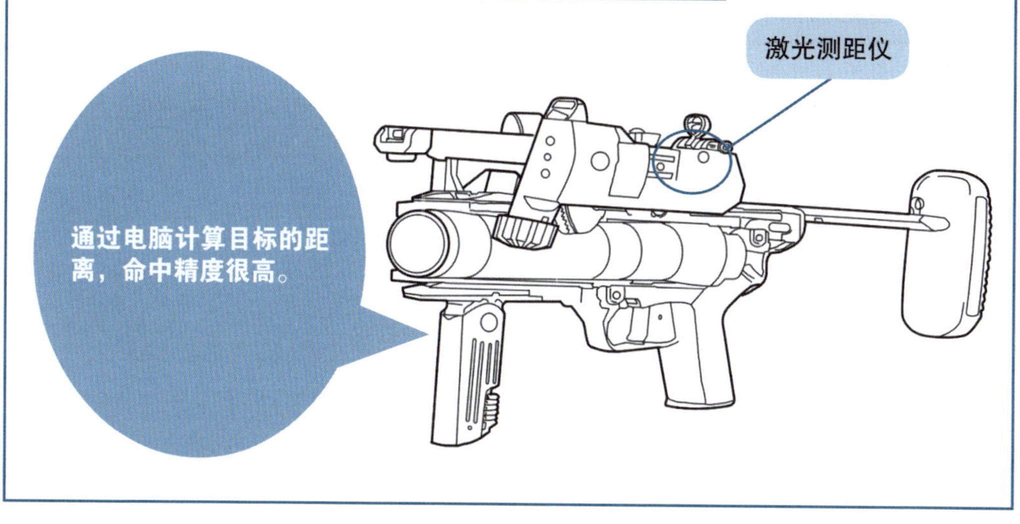

No.059 曳光弹的战术作用

曳光弹在飞行过程中会发光，能够在光源不足的地方或者夜晚显示弹道，帮助射手瞄准。

用来指示目标或者校准弹道，发射后要迅速转移

枪战中想要和同伴交流是一件非常困难的事情，说话的声音几乎会完全被枪声淹没，很难把自己的意思传递给同伴。

因此，在枪战中与同伴的交流往往是依靠手势。在伊拉克的巷战中，双方的交战距离一般为数十米，只要用手势表示出敌人的方向和大概距离，同伴很容易领悟并迅速找到目标。

但是在阿富汗战场，这种方法就没那么有效了。在丘陵或者山地中作战，双方距离常常有几百米，若是目标隐藏在岩石或者其他物体背后，则更难发现。就算向同伴做出了指示，同伴也已经领悟了其中的意思，想要从几百米外的距离迅速确定目标所在的位置也是非常困难的。

寻找暗中的敌人花费的时间越长，被敌人首先攻击的可能性就越大，危险性也越高。若是敌人在战场上配置了狙击手，那情况就更糟糕了。

为了不被敌人抢得战场先机，特种部队队员和作战经验丰富的陆军士兵调整了战术，在作战时专门准备一个装满曳光弹的 20 发装弹匣。在战斗中使用装填了普通子弹的 30 发装弹匣，若是需要将敌人的位置告诉同伴，则换上 20 发装曳光弹弹匣，向敌人开枪，告知同伴敌人的位置。

然而，与此同时，自己的位置也会因此暴露给敌人，在发射了曳光弹以后要立即转移到安全的地方。

还有的士兵会在给弹匣装填枪弹时夹杂数发曳光弹，其作用与机枪每隔多少发枪弹就夹杂一发曳光弹相同，而且能够在光线不足时用来显示弹道，并对弹道进行矫正。

阿富汗与伊拉克的作战距离

在伊拉克战场上，双方以巷战为主，相互沟通要比阿富汗战场上容易很多。

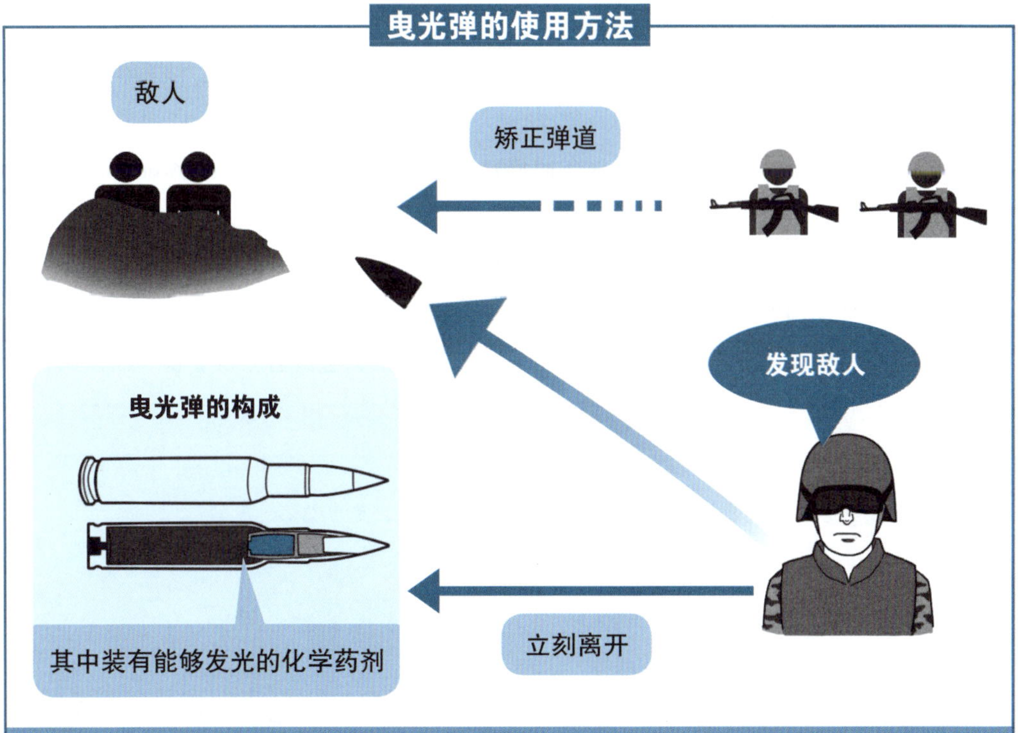

通过曳光弹告诉同伴敌人的位置所在

No.060 昼夜所用的不同武器装备

目前美国陆军的主力武器是 M4 卡宾枪，除了能够安装各种光学瞄准具，还可以加装夜视装置。

多款瞄准具的运用使士兵 24 小时随时应战

M4 卡宾枪是目前美国陆军士兵使用的主力武器，它能够加装多种外挂式部件，以丰富自身的功能。但是，这并不意味着 M4 卡宾枪就是万能的，其 5.56 毫米枪弹常常会无法发挥足够的威力。

5.56 毫米枪弹近距离穿透力虽然不错，但是想要穿透水泥墙壁等物体还显得不足。为了弥补这一缺陷，作战时需要 7.62 毫米机枪或者 12.7 毫米重机枪提供足够的火力作为支援。比如在巷战中，5.56 毫米步枪弹很难穿透墙壁，这时候就需要 7.62 毫米枪弹或者 12.7 毫米枪弹发挥作用了。

作战距离比较远的时候，5.56 毫米步枪弹的威力会被严重削弱。在沙漠或者山地地区，500 米以上距离的枪战非常常见，M4 卡宾枪很难准确地命中目标。此时，需要在机枪的掩护下，逐步缩短作战距离，然后用 M4 卡宾枪攻击。

虽然机枪支援能够起到一定的作用，但是要从根本上解决这个问题，最重要的还是要提高士兵使用 M4 卡宾枪时的命中率。

为了提高命中率，M4 卡宾枪常常会加装光学瞄准具，在一定程度上弥补了远距离精度不足的问题。

白天作战时使用的瞄准具多是 4 倍的光学瞄准具或者红点瞄准镜。

夜晚则使用 AN/PEQ-15 激光瞄准器，这种瞄准器可以使用激光或者红外线照射敌人，除了能够瞄准目标以外，还可以照亮四周。通常这种瞄准器会配合夜视装备一起使用，在夜间进行的巷战中具有十分显著的效果。

500 米以外的枪战

作战距离超过 500 米以后，会用机枪进行火力支援，逐步缩短作战距离以后使用 M4 卡宾枪作战。

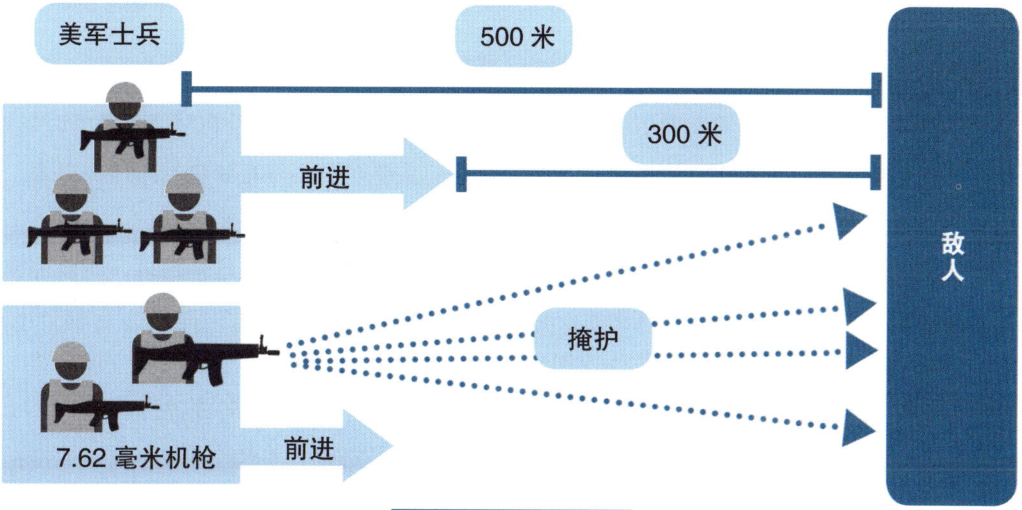

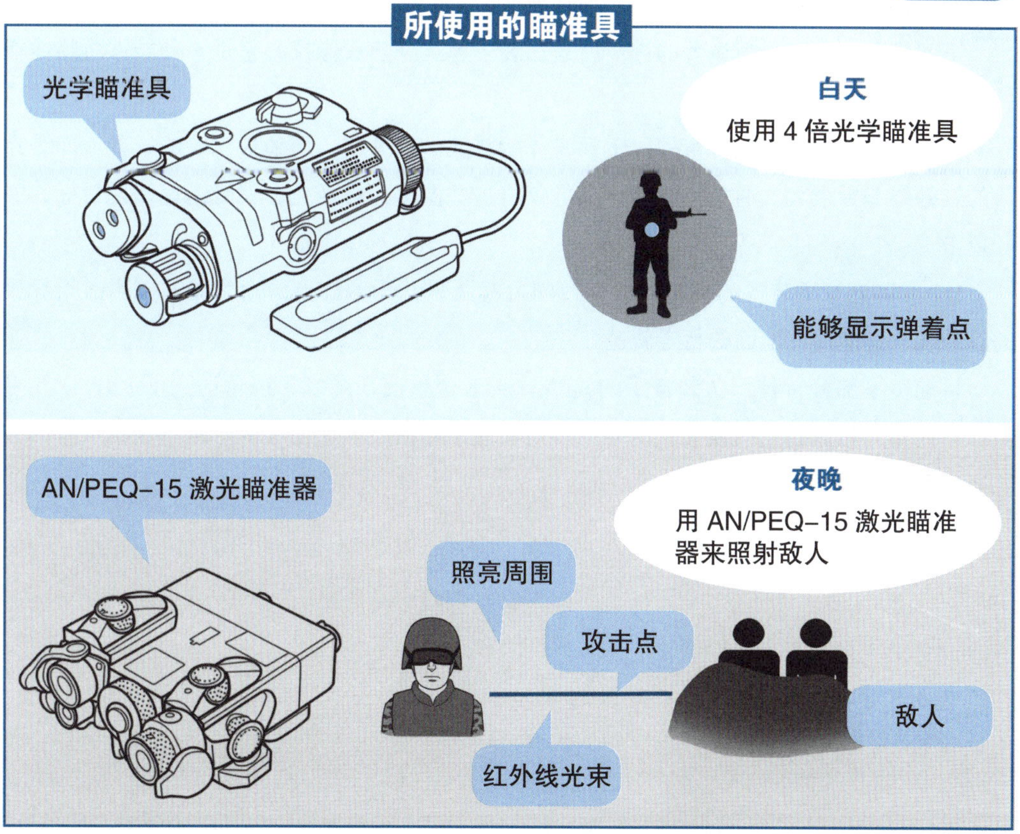

No.061 如何进行夜间战斗

在伊拉克和阿富汗作战的美军，夜视装置是非常普及的个人装备。

除了能探测敌人释放的红外线，还能追踪地面的行走轨迹

供单兵使用的夜视装置发展历史并不长，最早将其应用在实战中是在越南战争的时候。

美军在越南战争中使用的夜视装置属于第一代，主要是利用月光和星光来捕捉影像。在晴朗的满月夜晚，可视距离约 250 米；如果只有星光时，约为 150 米。

此后改进的新型夜视装置安装了微通道板，对光源进一步增幅，这就是第二代夜视装置，夜间的可视距离与第一代相比翻了一倍，最远能够达到 500 米。

之后继续改良的结果就是第三代夜视装置。这是目前使用最为广泛的一种夜视装置，不仅夜间可视距离达到了 650 米，画面的清晰程度也比前两代有了大幅度提升。

第四代夜视装置与第三代相比，性能数据的提升并不明显。夜间的可视距离基本没有多少变化，但是画面更加清晰。同时，在增幅光源不足的洞穴或者建筑物之中也能发挥作用。

第四代夜视装置最为显著的进步就是加装了远红外热成像仪，它是一种能够将物体释放的热辐射可视化的装置。

无论是在建筑物内或者室外，士兵身体所释放的红外线，与地板、墙壁或者地面等释放的红外线差异很大。通过远红外热成像仪将这些温度差影像化，就能迅速发现目标并展开攻击。

M4 卡宾枪等所装备的夜视装置，夜间可视距离约为 600 米，除了能够探测敌人释放的红外线，还能追踪地面的行走轨迹。

目前美军部分特种部队装备了的 GPNVG-18 全景夜视系统，视角达到了 120° 。几乎不存在死角，相比普通夜视装置的 45° 视角实现了质的飞跃。由于其价格昂贵，只有部分飞行员和特种队员才能使用。

越南战争时的夜视装置

第一代

★星光

约 150 米

月光 约 250 米

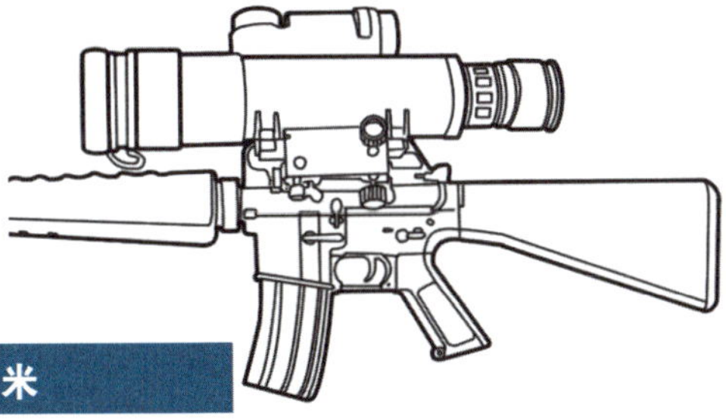

利用月光和星光捕捉影像

夜视装置的发展

第二代

加装微通道板，提高画面质量。

500 米

第三代

目前使用最广泛，画面比第二代更清楚。

650 米

第四代

在增幅光源不足的洞穴或者建筑物中依然能够清晰成像，同时具有热成像功能。

650 米

No.062 手电筒在战斗中的作用

夜间行动的时候，手电筒可以用来照明。除此以外，它在战斗中还有什么作用呢？

用光线暂时麻痹对方视线，乘机将其制服

夜间的战斗，大多都是不能被人发觉的秘密行动。使用夜视装置配合红外线瞄准器能够在敌人无法发觉的情况下悄悄行动。想要在夜间不发出一点声响并非一件容易的事情，如果在行动中发出了声音被对方发觉，由于对方的眼睛已经适应了黑暗，己方反而更容易暴露。

如果只是普通的治安任务或者搜查任务，并不需要使用那些昂贵的夜视装备，选择战术手电筒就可以了。某些情况下，手电筒能够起到夜视装备无法起到的作用。使用手电筒照明时，可以用强光照射对方的眼睛，令其出现短暂的视觉麻痹，趁着这一瞬间就能将其拘捕或者制服。

因此，主动使用手电筒麻痹对方的视觉要比悄无声息地前进更为有效。利用手电筒对对方视觉的短暂麻痹，己方迅速突入扰乱对方行动，能够在其做出反应之前就完成任务，是一种非常实用的战术。

即使是白天作战，有时也需要攻入建筑物或者地下仓库等地方，这时候战术手电筒依然是非常必要的。

战场上使用最为广泛的是“神火”（Surefire）公司生产的战术手电筒，价格并不昂贵，几乎所有的士兵都配有这种手电筒。

神火公司生产的战术手电筒光线十分强烈，在夜间对视力的麻痹十分有效，在被照射的瞬间，眼睛甚至会感到刺痛。

军方使用的手电筒通常会加装转换器，使其能够安装在手枪或者步枪上使用。像 M9 手枪上安装的 AN/PEQ-14 激光瞄准器，这种装置具备激光瞄准的作用，还可以当做战术手电筒使用。

战术手电筒

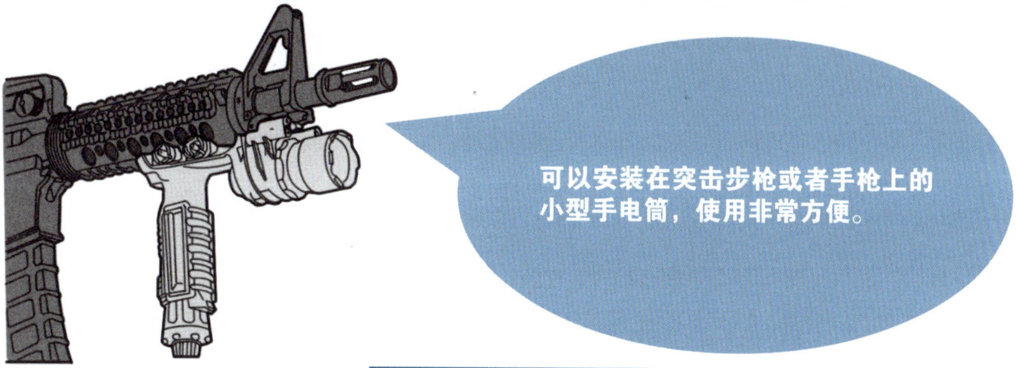

使用手电筒的战术

M9 手枪与 AN/PEQ-14 激光瞄准器

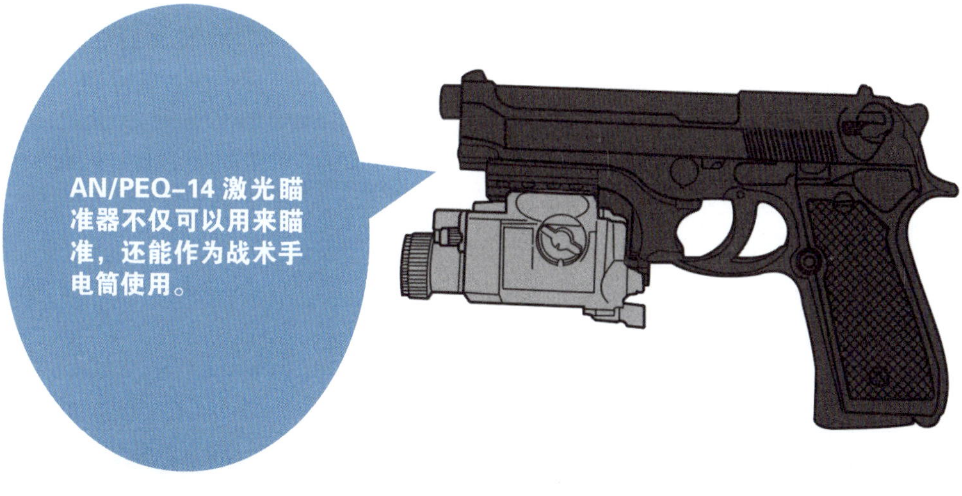

No.063 长期受到追捧的 AK 突击步枪

AK 系列突击步枪自诞生以来，装备了多个国家、地区的军队和武装分子，口碑甚好。

性能可靠的 AK 系列，先后装备了超过 150 个国家的军警部队

AK–47 突击步枪是苏联枪械设计师卡拉什尼科夫设计的自动步枪，以 AK–47、AK–74 以及 AKM 等枪型为代表的卡拉什尼科夫系列步枪堪称一个巨大的枪械家族，这一枪族先后装备了超过 150 个国家的军警部队，是世界上使用范围最广的自动步枪。

早期的 AK 系列突击步枪深受二战中德军所使用的 MP43 和 MP44 突击步枪的影响，7.62 毫米枪弹的威力也是同一时期突击步枪中最大的。

AK 系列突击步枪的最大特点就是其可靠性，其枪支内部零件之间特意留有空隙，即使在极地或者沙漠中作战，也不会因为金属部件的胀缩影响枪支性能。

在越南战争中，AK 系列突击步枪的稳定性能以及强大威力令其闻名世界。不过同时表现出了后坐力太强的缺陷。

到了 20 世纪 70 年代，苏联在 AK–47 突击步枪的基础上研发出小口径的 AK–74 突击步枪，并在 1979 年阿富汗战争中投入实战。AK 系列这一新型号在当时引起了西方国家的广泛关注。

1991 年，AK–74 突击步枪的改良型 AK–74M 突击步枪开始装备军队，最大射程 600 米，使用 30 发或者 45 发装的弹匣。

AK 系列延续了 AK–47 突击步枪的优良性能，是许多军队和武装分子非常钟爱的枪械。

此外，AK 系列的部分出口型号能够使用与 M16 突击步枪相同的枪弹，这些枪型也因此受到了西方国家的青睐。

AK-47 突击步枪

苏联研发的 AK-47 突击步枪，是当今世界名枪之一，被许多国家的军队和武装分子广泛使用。

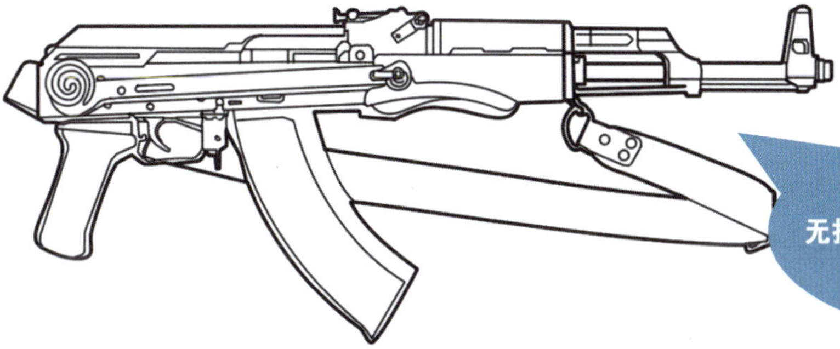

无托式 AK-47 突击步枪

AK 系列突击步枪的发展历程

二战后～越南战争

AK-47 突击步枪 → 口径 7.62 毫米，火力和杀伤力强大，但是后坐力也很大。

20 世纪 70 年代

AK-74 突击步枪

口径 5.45 毫米，于 1979 年阿富汗战争中投入实战。

1991 年

AK-74M 突击步枪

最大射程 600 米，使用 30 发或 45 发装弹匣。

No.064 不断改良的 M16 突击步枪

从美军在越南战争中开始使用 M16 突击步枪以后，许多国家的军队都先后装备了该枪，并发展出了许多型号。

一度因为卡壳遭到诟病，仍存在着很大的改进空间

目前美国陆军所使用的 M4 卡宾枪是 M16 突击步枪的一种改良型号，属于第三代 M16 突击步枪，最初的型号是 M16 和 M16A1，第二代是 M16A2 突击步枪，第三代则是 M16A4 突击步枪和 M4 卡宾枪等。M4 卡宾枪外形小巧，非常方便在狭窄的空间中使用，又可以加装各种外设装置，因此非常适合现代战争中的巷战。

虽然 M4 卡宾枪的性能相当优越，但是与 M16 突击步枪的其他型号一样，有时会因为枪机动作不良造成卡壳。这个问题早在美军将 M16 突击步枪投入越南战场时就已经出现，它是由 M16 突击步枪的射击原理导致的。M16 突击步枪以及 M4 卡宾枪等其他改型采用的都是“直喷式气动操作”（Direct impingement），在发射枪弹以后会留下残渣，长期累积就会导致卡壳。

为了解决这个问题，美国陆军在 2010 年为 M16 系列突击步枪配备了升级套件。

首先，把枪管改为能够承受连续射击的重型枪管，枪管周围的装置也同时强化。不过这些改进只是军方以及军火厂商的一厢情愿，对于这些修修补补的改进，士兵并没有多大兴趣，他们更希望改进的地方是 M16 突击步枪的发射系统。比如将直喷式气动操作改为短行程活塞传动。短行程活塞传动是通过活塞推动枪栓，在发射的同时强制排除弹壳，因此故障率比较低。

这种枪机动作方式在 XM8 和 SCAR 等特种部队使用的突击步枪上早已采用。这两种枪械曾与 M4 卡宾枪同时接受测试，M4 卡宾枪出现卡壳的概率是这两种枪械的 2 倍以上，因此它还存在着很大的改进空间。

M16的进化

从美军装备M16突击步枪以来，就不断改良，目前装备的是M16的第三代M4卡宾枪。

AR15突击步枪

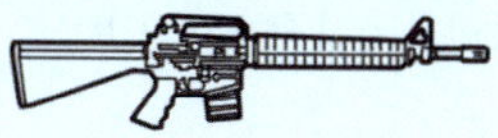

XM16突击步枪

美国空军版本

M16A1突击步枪

美国陆军版本

M16A2突击步枪

增加了三发点射模式

M16A3突击步枪

改回全自动

M16A4突击步枪

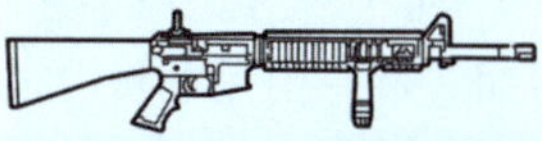

M4卡宾枪

改回全自动

士兵所希望的M16突击步枪

军方和军火厂商的改良

- 重型枪管
- 改良枪栓
- 搭载各种瞄准具

士兵的希望

- **变更发射原理**

直喷式气动操作

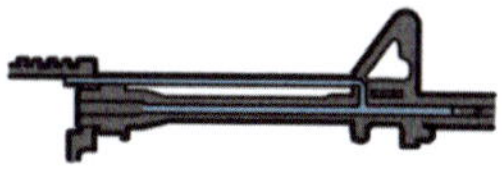

短行程活塞传动

军方对M4卡宾枪的枪管等部位进行了强化，但是并非士兵们所希望的。

No.065 用枪制作枪眼有什么用

在巷战中常常要攻入建筑物内，为了避免敌人发现自己的位置，常常会制造枪眼狙击敌人。

以猛烈的火力射穿墙壁，制作出直径20厘米大小的枪眼就“够用”了

在一些电影中，有时会出现主角用枪击穿墙壁制造出口，然后逃走的剧情。在现实中是否也是如此呢?

在建筑物中作战是现代陆战中非常普遍的战斗方式。建筑物可以说是一种非常合适的遮蔽物，能够在不被敌人发现的情况下监视敌人的动静。像电影中这样用枪制作观察或者狙击用的枪眼的情形，在实战中是确实存在的。

虽说这样做和建筑物的材质、枪械的口径威力有关，但是绝非不可能的。

如果是已经多次作为战场的建筑物，可以利用既有的弹孔或者墙壁的裂缝等作为枪眼。必要的时候也会用炸药炸毁墙壁，强行发起攻击。炸药的破坏性毋庸置疑，但是危险性很高，甚至有可能会导致建筑物坍塌，陷自己和同伴于险境。

若是用枪制作枪眼的话，则要安全很多。像突击步枪或者机枪等穿透力强的枪械，只要将火力集中在一点，就能够轻松制造出一定大小的枪眼。

通常直径约20厘米的枪眼就已经足够观察或者狙击敌人了。利用枪眼攻击敌人时，并不是像电影中躲在碉堡中那样把枪伸出去射击，而是从房间内透过枪眼射击。因为这样敌人才不会发现从枪管中冒出的膛口焰。

一般来说，用突击步枪在混凝土墙壁上制作枪眼的话，大概需要250发5.56毫米枪弹；如果使用7.62毫米机枪弹的话，只要40发就可以了。但是，若要像电影中那样，用枪强行制作一个能供人出入的洞口的话，最好使用7.62毫米枪弹，并以多把机枪同时集中火力，方能够轻松制作出可供人匍匐通过的出口。

不用窗户，而是制作枪眼

在建筑物中作战时，通常不是通过窗户观察敌人的动向，而是利用枪眼观察或者狙击。

从窗户狙击

使用枪眼

制作枪眼时

需耗费弹药

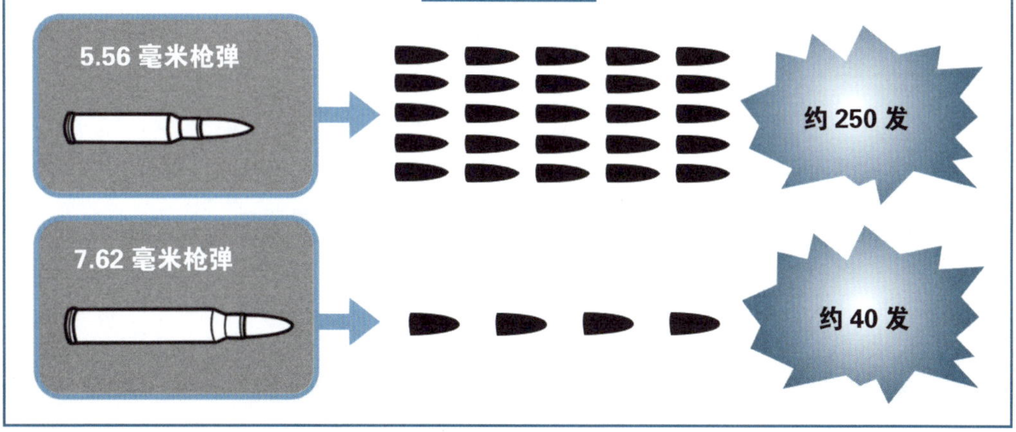

No.066 狙击的最远距离

美军在阿富汗作战时，由于地理条件的原因，常常要从远距离进行狙击。

战场上的神枪手，2600米远的距离照样击中目标

从远距离狙击目标是一种非常有效的战术，现代意义上的狙击手出现于一战时期。当时德军挑选了一些出身于猎人或者护林员的士兵组成自由行动的狙击手，对英法军队和俄军造成了重大杀伤。

由于阿富汗地形复杂，多为山地丘陵，狙击是一种非常有效的战术。说到狙击，就不得不提一下美国的巴雷特 M82A1 狙击步枪。这种狙击步枪使用的是 12.7 毫米枪弹，威力很大，被广泛地用于攻击对方的车辆或者爆炸物。

巴雷特 M82A1 在对人狙击上效果也十分显著。2002 年，一名加拿大狙击手曾经从 2430 米远的距离击毙了一名基地组织的枪手，创下了远距离狙击的纪录。虽然 M82A1 性能十分优越，但是重量、体积庞大，携带不便。

到了 2010 年，远距离狙击纪录被一名英军下士打破，他从 2600 米以外击中了目标。不过这名下士使用的并非是 12.7 毫米巴雷特 M82A1，而是英军新装备的 8.6 毫米 L115A3 狙击步枪。

在此之前，英军使用的是 7.62 毫米 L96A1 狙击步枪，但是为了更好地适应现代战争的战场环境，近年来用更大口径的 L115A3 狙击步枪取代了该枪。L115A3 狙击步枪的平均狙击距离为 1500 米，有效射程是 L96A1 狙击步枪的两倍。在某些特定的环境中，这一距离还要更远。英军下士所创造的狙击纪录也证明了这一点。

狙击距离的远近不仅取决于枪械性能、枪弹类型，风向、空气湿度等也是其中非常重要的因素。

远距离狙击敌人

AK-47 突击步枪的最大射程约为 600 米，狙击步枪可以在这个距离以外攻击目标。

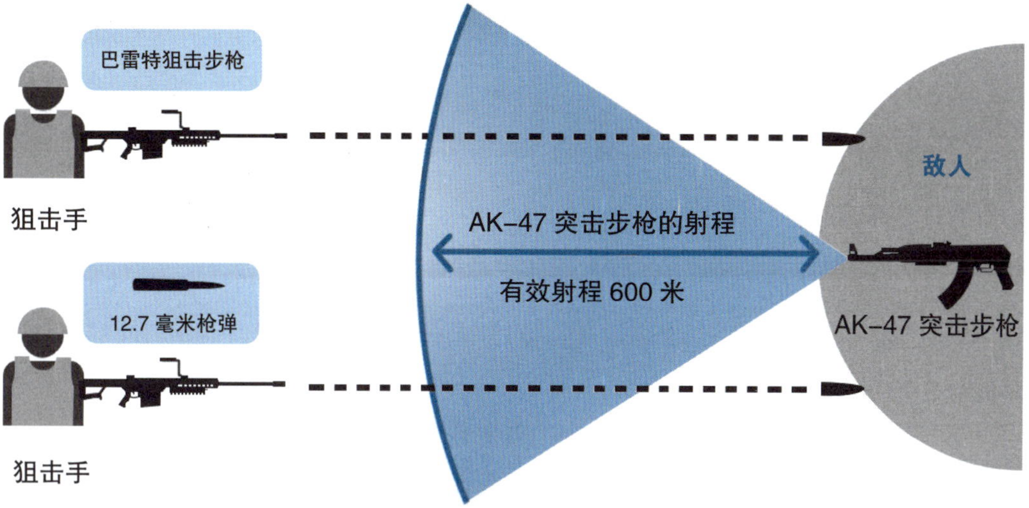

8 毫米 L115A3 狙击步枪

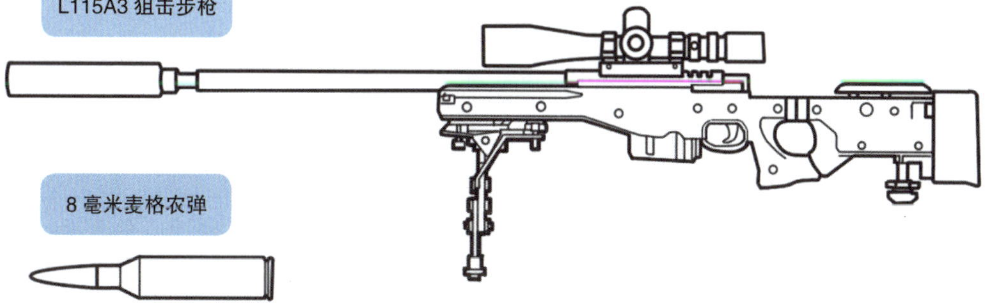

最大射程

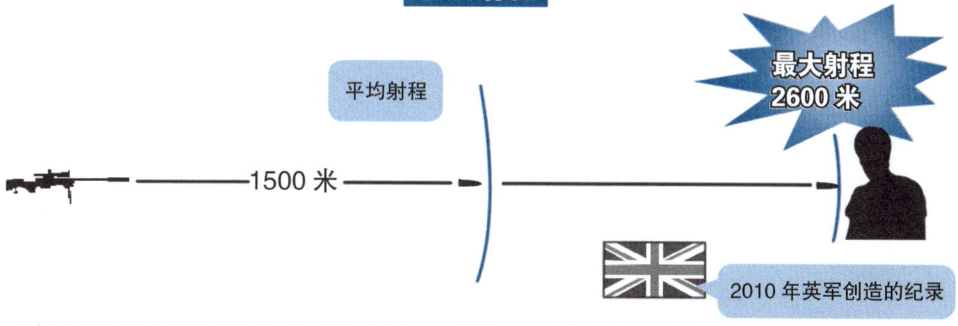

No.067 巷战中使用的新型手榴弹

手榴弹在近距离杀伤力很大，在以往多次战争中都得到了证明。在巷战中，强大的杀伤力虽然能够重创敌人，但也可能伤及同伴。

有意降低手榴弹的杀伤力，减少误伤同伴的几率

美国陆军目前采用的手榴弹是 M67，是越南战争时期 M26 手榴弹的改进型。由于外形的原因，M26 手榴弹被昵称“柠檬”，M67 手榴弹则被称为“苹果”。

经过训练的士兵投掷 M67 手榴弹时，距离可达 40 米。M67 手榴弹采用延期引信，拔掉保险栓，点燃引信以后，经过 4~5 秒就会爆炸。

M67 手榴弹的杀伤范围约为爆炸点周围 10 米，爆炸的同时会产生许多碎裂的弹片，能够有效杀伤附近的有生目标。

在影视作品和小说中，手榴弹是一种出现频率极高的武器。但是在实战中，即使知道敌人的位置所在，也不会轻易将手榴弹投掷过去。因为手榴弹威力太大，而巷战中双方距离并不会太远，加上想把手榴弹准确地投向敌人所在的地方并不是一件容易的事情。因此会综合考虑其他因素以后才决定是否使用手榴弹。

投掷手榴弹之前，首先要考虑到弹片飞散的角度和方向；其次，如果在投掷手榴弹的时候没有事先对己方同伴示警的话，会令同伴也陷入被弹片波及的风险中；另外，还要考虑战场环境，如果是在比较封闭的狭小空间中，千万不能使用手榴弹。

在巷战中，可能杀伤己方人员的并不只是来自敌人的攻击。在没有和同伴沟通好的情况下使用手榴弹，也可能会伤及己方人员。美军在阿富汗和伊拉克作战时，由于 M67 手榴弹的威力太大，这种情况屡见不鲜。

为此，美国陆军专门研发了一种新型手榴弹，这就是降低了杀伤力的 HG86 迷你手榴弹。HG86 迷你手榴弹的杀伤范围比较小，有效地降低了伤及己方士兵的几率。

M26手榴弹和M67手榴弹

美军在越南战争中使用的是M26手榴弹，现在装备的则是M67手榴弹。

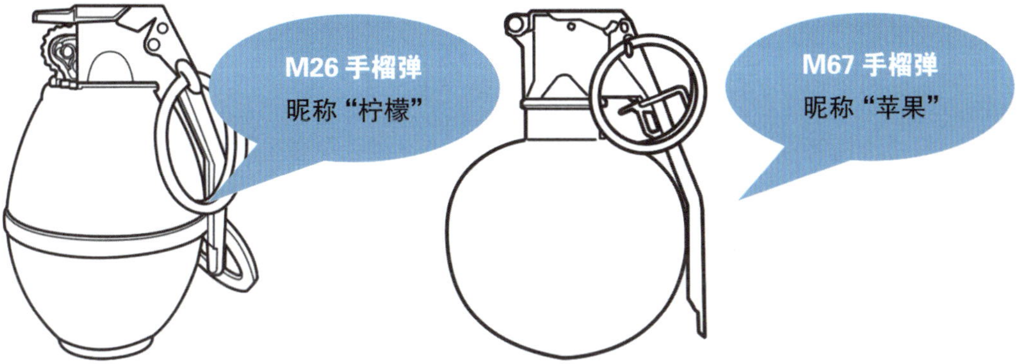

注意同伴 ➡ **使用手榴弹时，要注意不能令同伴陷入危险当中。**

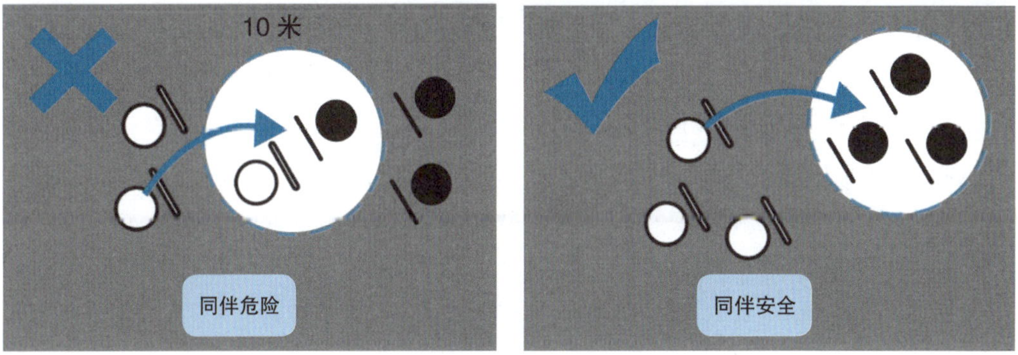

HG86迷你手榴弹

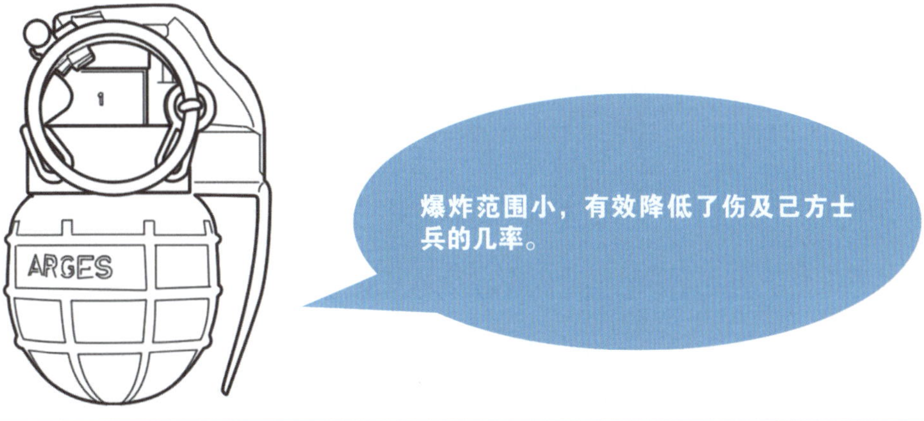

No.068 能够击落直升机的RPG-7火箭筒

RPG-7火箭筒是苏联生产的单兵火箭筒，主要用于对付坦克等装甲车辆，但是也能攻击直升机等空中目标。

作为防空武器的“RPG-7”让苏军直升机吃了大苦头

RPG-7火箭筒与AK-47突击步枪一起被列为“20世纪步兵武器之王”，以此足以看出RPG-7火箭筒在世界军火库中的重要地位。但是原本作为反坦克武器的RPG-7火箭筒，真的能够用来防空吗？答案是肯定的。

1992年，以美国为首的联合国多国部队介入索马里内战。第二年，美军发起了捉拿敌对势力高层的特种作战。

这次作战就是后来著名的电影《黑鹰坠落》的剧情蓝本。在这次作战中，美军死亡人数为18人，还被击落了两架运输直升机。对方所使用的武器正是RPG-7火箭筒。

以RPG-7火箭筒攻击直升机并不是多么稀奇的事情，索马里战场上不过是借鉴了1979年第一次阿富汗战争中曾经使用过的作战方式而已。1979年12月，苏联入侵阿富汗，由此导致了长达十年的第一次阿富汗战争。在这次战争中，正是苏联生产的RPG-7火箭筒，令苏军的武装直升机吃了大苦头。

那么，如何使用RPG-7火箭筒攻击直升机呢？首先，把直升机引诱到自己的射程之内，接下来要做的就是像攻击坦克一样，同时发射多枚火箭弹进行攻击。

这种战术就算不能直接命中目标，爆炸产生的爆风或者弹片也会对机体造成伤害，而且可以从心理方面威慑对方。尤其是像阿富汗等以山地丘陵为主的地区，从高处攻击在山间穿行的直升机非常有效。

还有一种稍微高明一点的方法：事先计算好弹头爆炸的距离，将RPG-7火箭筒作为防空炮使用。

RPG-7 火箭筒如何攻击直升机

1 隐藏起来，引诱敌机接近。

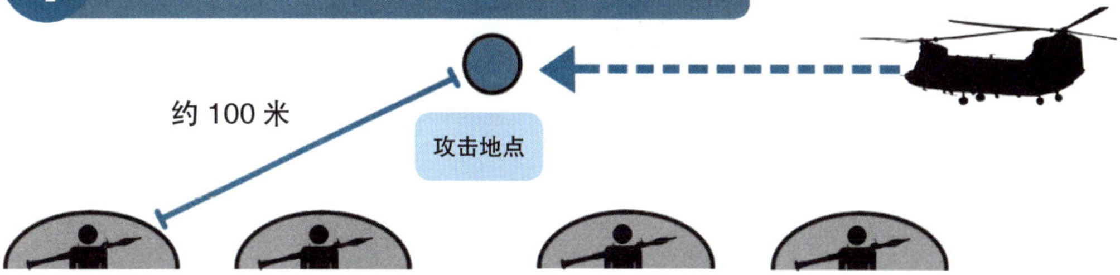

2 在直升机悬停时，从多个方向同时攻击。

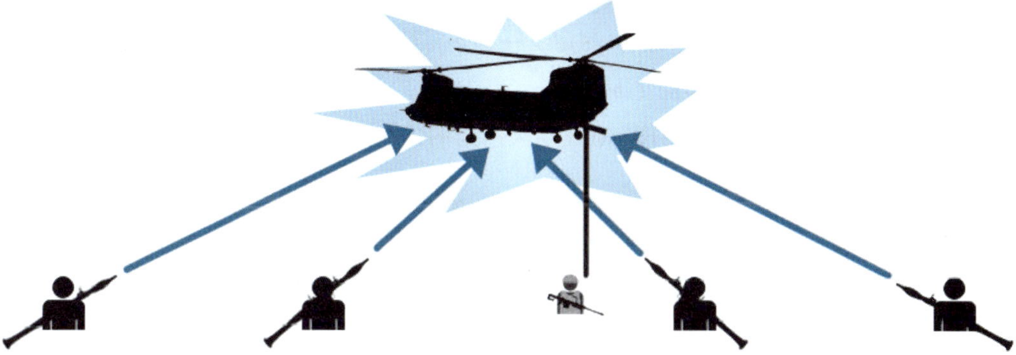

RPG-7 火箭筒远距离攻击的方法

事先计算好弹头的爆炸距离，从远距离发起攻击。

RPG-7 火箭筒的爆炸距离

通常在没有击中目标的情况下，弹头会在飞行约 100 米后爆炸。

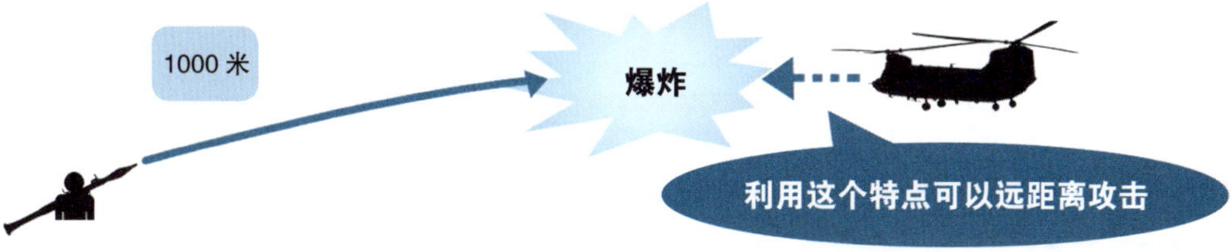

No.069 RPG-7 火箭筒的使用方式

美军在阿富汗和伊拉克战场所面对的敌人，使用的多是像 AK-47 突击步枪、RPG-7 火箭筒等简单易用，却威力强大的武器。

自己的武器让苏军"哑巴吃黄连"

苏联所研发的 RPG-7 单兵火箭筒，从越南战争开始，就被广泛地使用在各个战场上。苏军自身在第一次阿富汗战争中，也曾在 RPG-7 火箭筒的攻击下损失惨重。

苏军的坦克和各种装甲车上，装有能够防御 RPG-7 火箭筒的反应装甲（Explosive reactive armour）。同时，为了保护坦克与装甲车，每辆车辆都有步兵护卫。

但是阿富汗军队针对这一特点，制定了一种非常行之有效的战术。这种战术是从多个方向同时攻击坦克或者装甲车的侧面与后方，将 RPG-7 火箭筒的性能优势发挥到了最大。而且，苏军坦克的反应装甲在引爆 RPG-7 火箭筒的弹头时产生的碎片，令更多的苏军士兵负伤。

当然，苏军也实行了相应的战术加以回应。由于 RPG-7 火箭筒在发射时，向后剧烈喷出的气体或者尾焰会掀起大量沙尘。苏军借助这些沙尘就能确定对方的位置所在，对其进行集中打击。

战争本身就是一个双方相互博弈的过程。为了避免尾焰和喷出的气体掀起沙尘，阿富汗军队会在发射以前将地面弄湿，这样能大大减少发射时掀起的沙尘，苏军想要借此找出目标就不再那么容易了。

另外，由于在攻击坦克等装甲目标时，常常是多名士兵从多个方向一起发动攻击，即使确认了其中某些士兵的位置所在，苏军坦克被摧毁依然是不可避免的。

这些使用 RPG-7 火箭筒的士兵，在发射前会事先选定好多个发射地点，以便发射以后随时转移。

RPG-7 火箭筒的战术

以多发火箭弹同时攻击装有反应装甲的坦克侧面与后方，不仅能摧毁坦克，还能有效杀伤坦克周围的士兵。

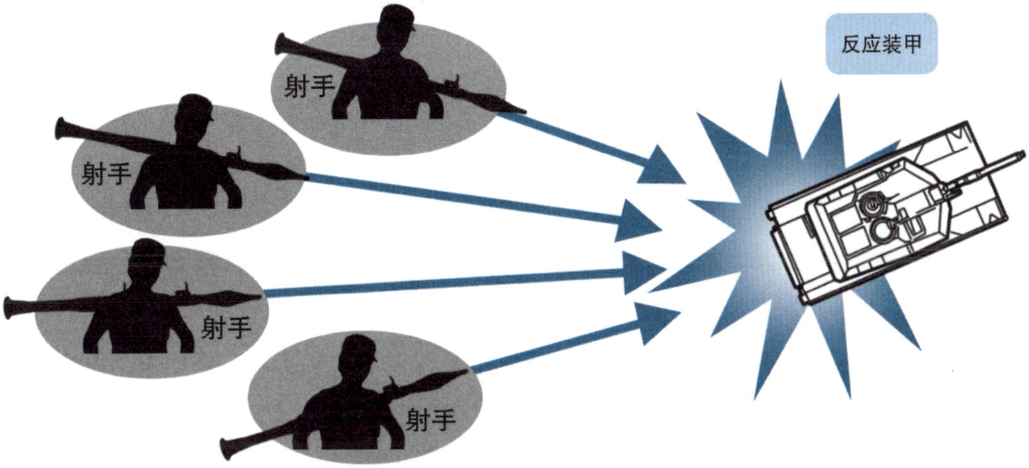

RPG-7 火箭筒的缺陷及对策

RPG-7 火箭筒在发射时，向后剧烈喷出的气体或者尾焰会掀起大量沙尘，因此常常会事先在地上洒水，减少沙尘。

No.070 用机器人进行潜入作战

在阿富汗与伊拉克战场，为了减少士兵伤亡，美军引入了机器人执行任务。这些机器人主要负责监视或者侦察。

使用远距离无线遥控机器人进行监控，以保障士兵的安全

能够根据所设定的程序自主行动的机器人早已问世。目前在一些发达国家所使用的扫地机器人 Roomba 就是其中的典型代表。

Roomba 是美国著名的家用机器人供应商 iRobot 公司所研发生产的，在机器人身上就装有定时清扫的设置按钮，可设定每日、每周任何时间自动清扫。到了指定时间，Roomba 就会按照既定程序完成清洁工作。

那么，在战场上所使用的机器人性能又怎样呢？美军所使用的作战机器人 510 Pactbot 也是出自 iRobot 公司之手。

510 Pactbot 是一种多用途机器人，也是目前世界上为数不多的经过实战检验的机器人。510 Packbot 机器人能确认并解除路边炸弹、汽车炸弹以及其他简易爆炸装置的威胁，它同样适用于执行其他任务，其中包括侦察和清理道路等任务。

与 Roomba 扫地机器人不同，510 Pactbot 机器人并不是自主行动的，而是由士兵在安全的地点远程操控其活动。

作战机器人并非是万能的，能够捕捉到的影像和声音比较有限。由于是远程操控，一旦机器人行进到了信号无法传达的地方，就会失去控制。

但是机器人的优点也是非常明显的，比如在遭到敌人攻击的时候，士兵可能会出现伤亡，而机器人的损坏只是一笔经济损失而已。

作战机器人目前还处于起步阶段，因此还不能直接执行战斗任务。相信在不久的将来，搭载机枪或者火箭筒的武装机器人也会出现在人们的视野中。

510 Pactbot 作战机器人

美国著名的家用机器人供应商 iRobot 公司所研发的作战机器人

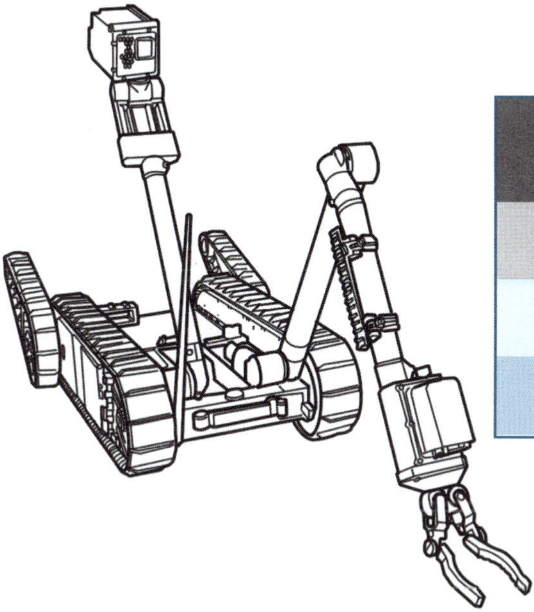

主要任务
● 搜索建筑物
● 拆除炸弹
● 清理道路

作战机器人将会进化成什么样

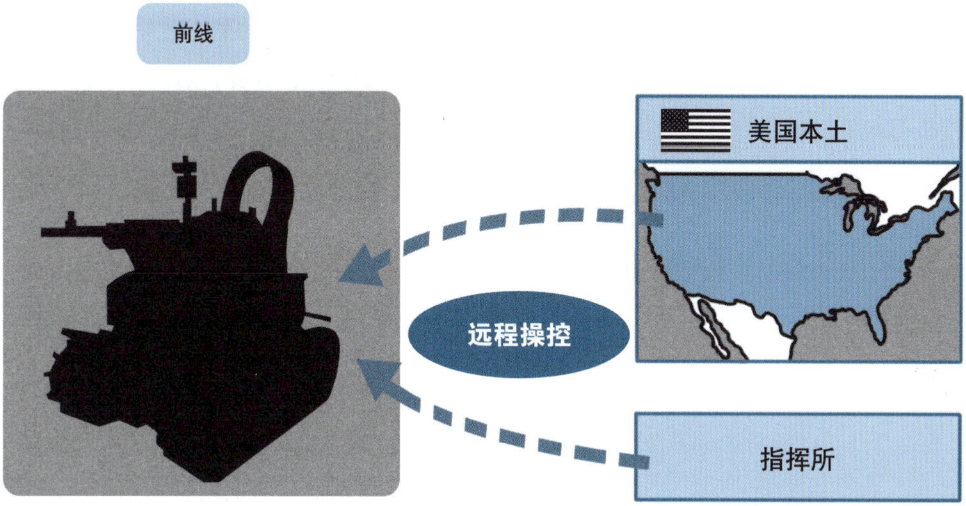

作战机器人目前主要由士兵从后方操控，执行一些简单的侦察、扫雷任务。

No.071 用无人直升机运输物资

用于战场上的无人机有两种，一种是定翼机，还有一种是专门负责运送物资的无人直升机。

“空中送货员”深受美国海军陆战队欢迎

一提到美军的无人机，大多数人都会想到用于侦察或者攻击的固定翼飞机。比如著名的 RQ-1“捕食者”攻击机与 RQ-4A“全球鹰”侦察机等。

在美国海军陆战队中，比起这些需要配合跑道起降的飞机，他们更钟爱能够垂直起降的直升机，因为直升机能够在舰艇甚至山区中的平地上起降。

海军陆战队投入实战使用的是 A160T“蜂鸟”无人直升机，它除了用于监视、侦察等用途，还可以用来运送物资。

“蜂鸟”无人直升机的监控摄影机能够从 3200 米的高空捕捉到直径 7000 米范围内的影像。在地面远程操控的士兵，一旦从影像中发现异常，可以将目标区域放大观察，实现对大范围内的细节监控。

“蜂鸟”无人直升机不仅能够远程操控，还可以预先设定好飞行程序，根据程序自主飞行。比如可以选择敌人不易发现的飞行路线，输入需要补给食物或者弹药的部队所在的位置坐标，“蜂鸟”无人直升机就能将物资送达该处。

“蜂鸟”无人直升机能够运送的物资重量约 136 千克，飞行的最高时速达 255 千米，能够连续飞行约 40 个小时。这样一来，无论士兵处于战场上的任何位置，“蜂鸟”无人直升机都能将所需要的物资准确地送到士兵手中。

鉴于“蜂鸟”无人直升机在实战用途中的优秀表现，美国陆军很快便装备了其陆军型号，并投入战场。

A160T “蜂鸟”无人直升机

美国海军陆战队为了运送物资及侦察监视敌人，将其投入战场使用。

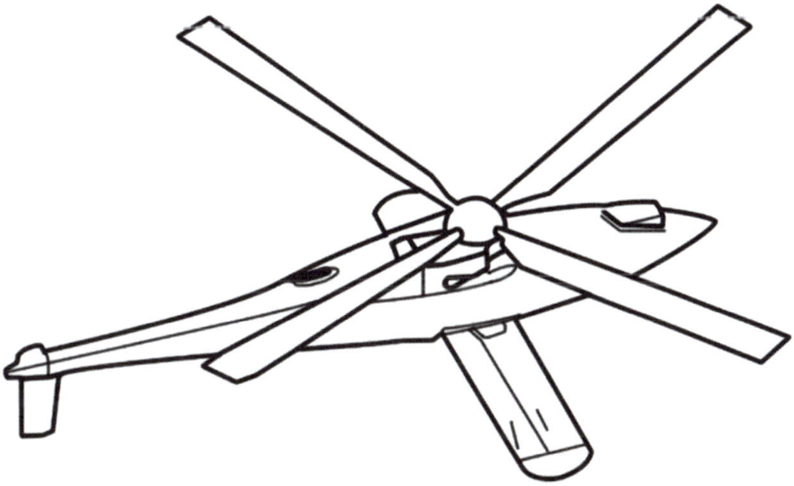

“蜂鸟”无人直升机的性能

监视能力

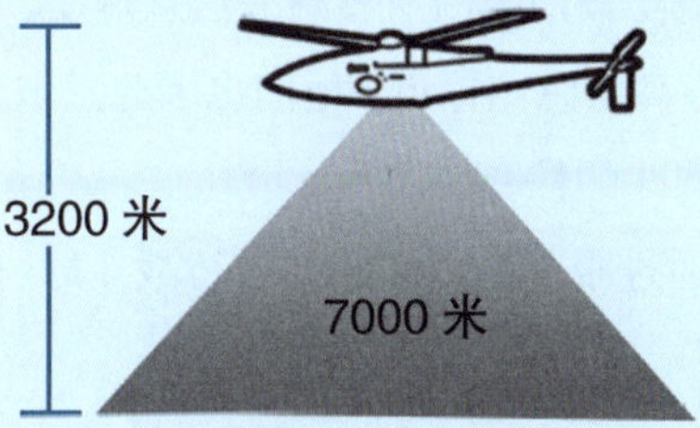

监控范围很广

自主飞行

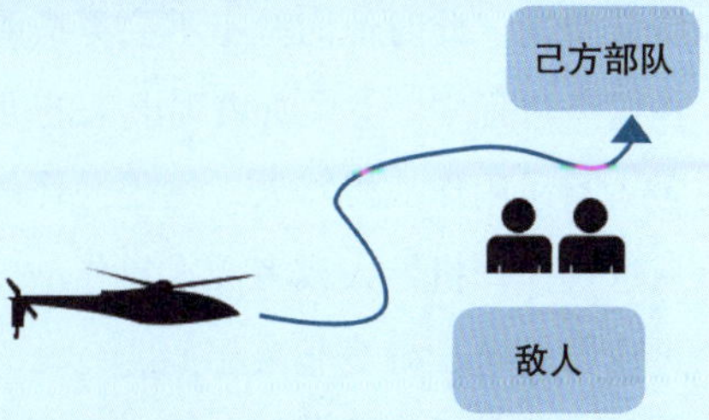

按照不易被敌人发现的路线飞行

运输能力

用于补给非常合适

时速

最高时速 255 千米

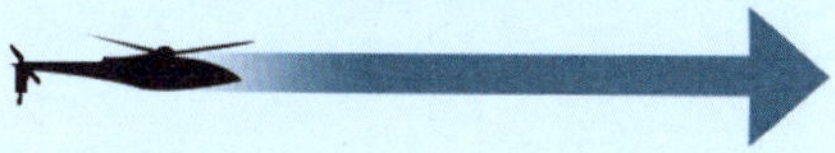

最长可连续飞行 40 小时

No.072 像打游戏一样作战

控制作战机器人或者无人机的士兵所采用的作战方式与普通士兵有很大区别。

士兵只需通过眼前的监视画面进行战斗即可

受到士兵从后方遥控机器人或者无人机执行任务的启发，美国陆军曾经用史崔克装甲车进行过相关试验。

给史崔克装甲车装入自动化系统，在车体后方安装监视感应器以及能够进行战术判断的电脑，装甲车的操作也进行了自动化改装。

史崔克装甲车所安装的感应器能捕捉持有 RPG-7 火箭筒或者 AK-47 突击步枪敌人的位置，并且自动判断敌人的威胁程度。比如同时发现持有 RPG-7 火箭筒或者 AK-47 突击步枪的敌人，电脑会首先下达攻击 RPG-7 火箭筒的指令。

同时，远程操控的士兵可以根据显示器中的画面，操作史崔克装甲车上搭载的机枪向敌人射击。

参加试验的士兵，可以根据电脑的指示，对肉眼无法看到的情报进行分析，迅速而有效地展开攻击。此时他们基本不会考虑到其他因素，完全按照眼前所看到的信息行动。

在这一过程中，士兵所表现出来的准确反应令军方高层感到惊讶。他们也因此意识到，即使是大量采用作战机器人，远程操作的士兵依然是战斗的核心。

从远程操作机器人或者无人机作战，士兵只需要通过眼前的监视画面进行战斗即可，整个过程与打电子游戏非常相似。

同时，负责操作的士兵也提出了一些非常实用的建议。比如他们不习惯史崔克装甲车的自动操作系统，他们并不愿意按照电脑的指挥行事。士兵们更希望电脑只要负责监视和查看，其他操作交给人来进行。

自动化史崔克装甲车

美国陆军进行的史崔克装甲车自动化试验

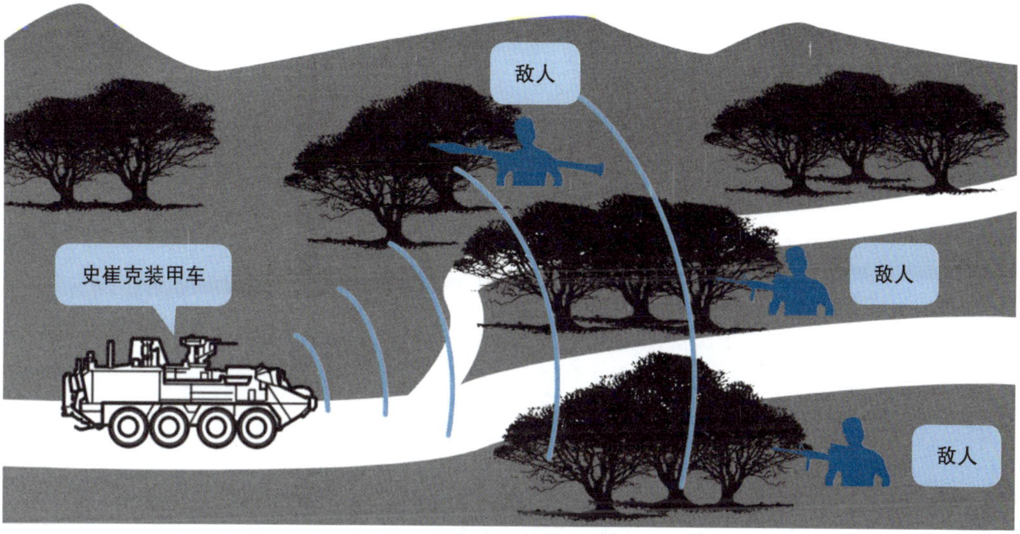

通过屏幕判断

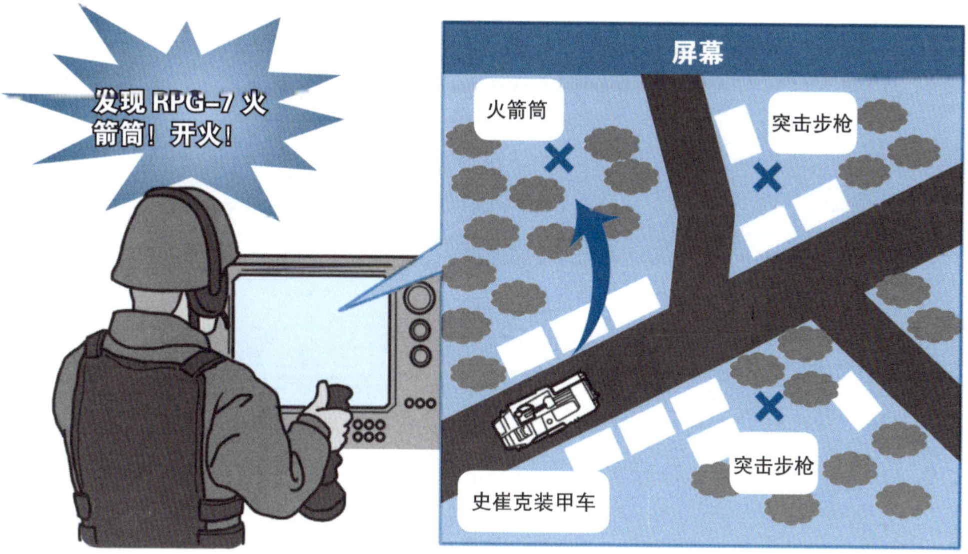

无需肉眼直接确认，对可能造成威胁的敌人发起攻击。

专题：民事作战所面对的难题

现代陆战中的战场与以往不同，陆战的主要内容从消灭敌方军事力量演变为抑制宗教、民族、语言、文化之间的对立冲突。

在民事作战任务中，所面临的最大难题就是如何才能突破语言和文化的障碍。想要换取作战地区的民意，首先要通过语言、文化层面的交流与当地居民建立起相互信任的关系才行。

人类的语言和文化，受到地域和成长过程中所学习到的知识经验的影响。使用英语的美军在阿富汗和伊拉克地区作战时，如果没有事先接受一些语言文化方面的训练，在作战中会受到很大影响。

另外，美军士兵的行为模式与阿富汗、伊拉克地区的居民也不同，没有一定的语言基础，沟通非常困难。

尤其是在阿富汗地区，部族众多，各种方言、文化、宗教、民族交错，给沟通造成了非常严重的阻碍。

在当地，就算是同一种语言，在不同地区也会有所差异，受行政区域、民族种族的影响很大。这对前往当地行动的美军民事作战部队提出了很高要求，同时也是未来民事作战所亟待解决的重要课题。

第五章
作战心理

No.073 从敌人手中缴获的武器能使用吗

在战场上，敌人常常会有意留下一些弹药或者武器，而这些装备往往可能是敌人故意设下的陷阱。

对敌人留下的武器要谨慎对待

在获取、使用敌人所留下的弹药与武器时，必须十分小心谨慎。在确认安全性之前，最好不要轻易乱动，这是战场上的一条常识。

接触这些装备的时候，首先要确定是否被设下了陷阱：有没有多余的绳索、有没有藏着已经拔掉保险销的手榴弹等，同时要小心四周的情况。

战场上，陷阱随处可见。比如，有时候敌人会在地面上挖一个小洞，将手榴弹埋入，拔掉保险销，接着把枪压在上面。此时保险片被枪压住，并不会引爆。可是一旦有人拿走压在上面的枪，保险片便会瞬时弹开，引爆手榴弹。

一些新兵往往会急于得到敌人的武器作为战利品，因此粗心大意，陷入敌人的陷阱当中。

如果仅仅是这样的陷阱，只要仔细观察，谨慎行动，便能将损失降到最低。最令美军头痛的不是这种陷阱，而是敌人在 AK-47 突击步枪或者 SVD 狙击步枪等自己所感兴趣的枪械上做手脚。

通常从敌方获得的武器不仅是作为战利品进行炫耀，还会交给士兵作射击训练。为了充分了解敌方武器的性能，狙击步枪等是非常珍贵的研究对象。敌人往往会利用这个心理，在膛室或者枪管上做手脚。如果直接用这种枪进行射击的话，常常会出现炸膛等事故，对士兵造成伤害。

总之，在使用战场上捡到或者缴获的武器之前，一定要仔细检查，确定无误之后方能使用。

敌人用武器设下的陷阱

在战场上，交战双方常常会利用武器设置陷阱。

例如

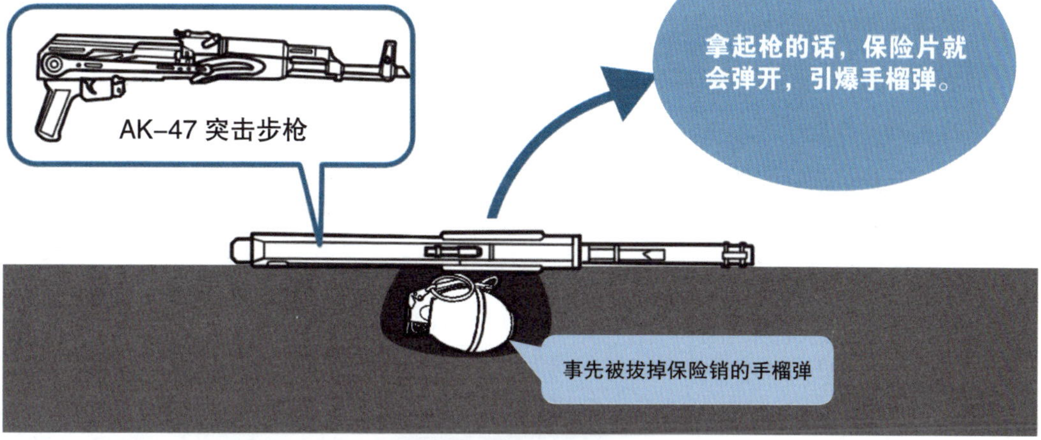

在枪身动手脚

枪身钻孔

在膛室附近的枪管上钻出几毫米的小孔，留在对方容易找到的地方。

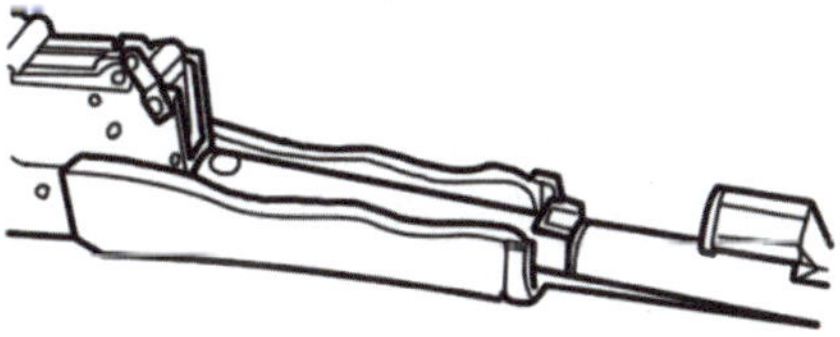

试射

在对方感兴趣的枪械上动手脚，特意让其得到。如果再交给士兵试射的话，就会炸膛。

No.074 手动步枪与突击步枪的对抗

美军在阿富汗面对的敌人所使用的武器，常常是 AK-47 突击步枪等价格低廉的枪械，甚至还有手动步枪。

用手动步枪对抗 M16 突击步枪，基地组织常占上风

在现代战争中，作战距离受地形、建筑等环境因素影响非常大。如果是巷战的话，作战距离通常很近。

美军在伊拉克作战时，战斗多发生在 100 米以内。因此美军使用 M4 卡宾枪就足以应对战斗中的各种情况。

但是在阿富汗战争中就有所不同了，阿富汗以山地丘陵为主，作战距离要远得多。双方常常会隔着河谷，或者是从山与山之间相互射击，距离甚至会达到 1000 米。

美军所使用的 M4 卡宾枪有效射程约为 500 米，在这种环境中作战显然会感到“力不从心”。如果与对方的距离超出了有效射程，命中率自然会严重下降。就算能够命中，枪弹的杀伤力也已经大为削弱。

而基地组织的武装人员使用的多是 AK-47 突击步枪，还有大量的手动步枪。AK-47 突击步枪的口径为 7.62 毫米，射程要比美军的 M4 卡宾枪远很多。而手动步枪所使用的弹药是一战时相当普及的 7.7 毫米枪弹，有效射程达 1000 米。

基地组织采用这类武器是有原因的：一方面是考虑到武器的价格因素；另一方面，他们在交战之前就会事先了解对手所用的主力武器的性能。加上地利条件，在这种远距离枪战中，基地组织常常会占据上风。

为此，美国特种部队提出了改变弹头重量或者更换枪管口径的建议。同时，美军还投入了大量 7.62 毫米机枪以及狙击步枪，以求解决这种作战距离不平衡的问题。

手动步枪

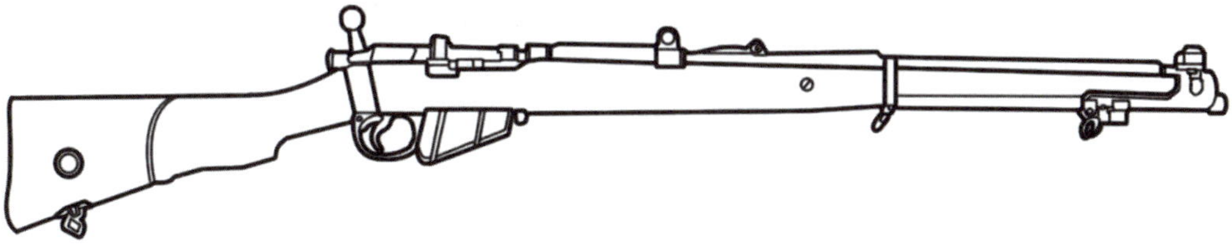

特点
● 枪弹速度快；
● 射程远；
● 手动操作，连射性能不足。

阿富汗战争中的战斗方式

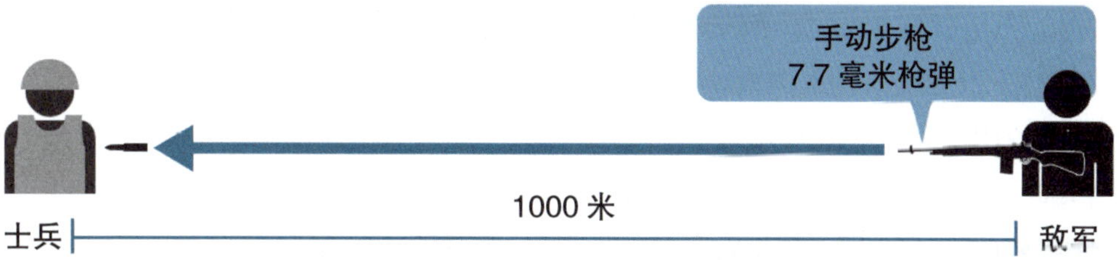

从 1000 米以外利用手动步枪进行狙击

手动步枪与 M16 突击步枪的对抗

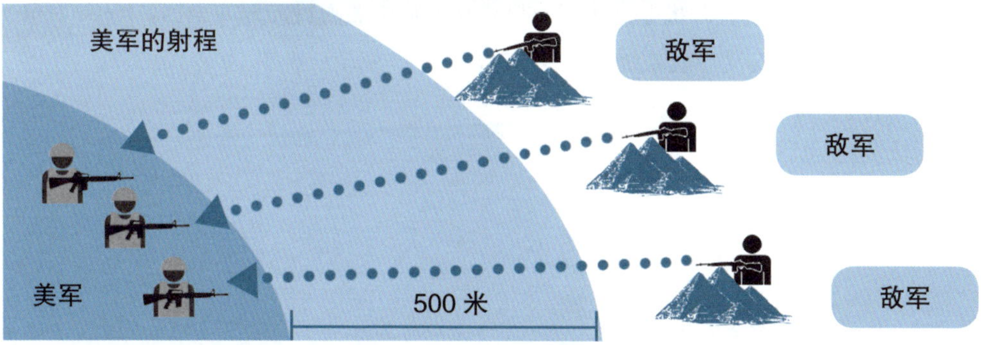

基地组织的武装分子预先了解到美军 M4 卡宾枪及 M16 突击步枪的性能，常常会在美军的射程外发起攻击。

No.075 能用的东西都要拿来用

为了满足战场需要，通常会把任何有价值的东西都转为军用，比如美国陆军就把高尔夫球车改为了空降部队使用的车辆。

能跑能拉很听话，“M-GATOR”在美军车辆中满意度最高

在美军目前所装备的军用车辆中，满意度最高的不是史崔克装甲车，也不是悍马，而指一种叫做“M-GATOR”的六轮运输车。这种车是从高尔夫球车改造而来的，时速将近30千米，可以在丘陵或者泥泞地面行驶。

起初M-GATOR运输车是美军空降部队率先采用的，仅美军第82空降师中，每个营就有5辆。随后美国海军陆战队等特种部队也相继采用。

M-GATOR运输车车身结构简单，能够用美军所装备的CH47运输直升机布置到各个战场。一架CH47运输直升机可同时搭载数名士兵以及3辆M-GATOR运输车，战术应用十分灵活。

M-GATOR运输车通过柴油发动机提供动力，加满油可以行驶300千米。对于空降部队或者特种部队这类行动范围相对较小的部队而言，已经足够了。

M-GATOR运输车的主要用途是用来搬运物资，也可以作为紧急担架，运送伤员。另外，还有搭载了机枪等武器的M-GATOR运输车，主要用于执行侦察任务。

M-GATOR运输车投入使用以后，也收到了一些抱怨，比如引擎声音太大、底盘太低、速度不够快等。

在M-GATOR运输车的基础上，美军还研发出了能够远程操控的R-GATOR无人运输车。R-GATOR无人运输车与无人机或者军用机器人一样，能够从后方进行控制。作为运输工具，它与无人运输直升机非常相似。只要在电脑中输入目的地的坐标，R-GATOR无人运输车就可以通过自动导航系统前往目的地。

M-GATOR 运输车

从高尔夫球车改造而成的 M-GATOR 运输车，是空降部队和特种部队常用的运输车辆。

M-GATOR 运输车

可以远程操控的 R-GATOR 无人运输车

可以从远程操控的无人运输车，用途与无人运输直升机相似。

CH47 运输直升机

可以同时搭载数名士兵与 3 辆 M-GATOR 运输车。

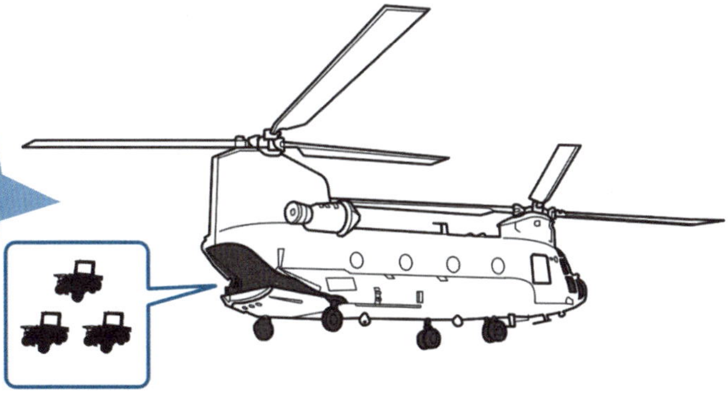

No.076 最为困难的战场

2001 年和 2003 年，美军先后出兵阿富汗和伊拉克。这两个战场无论是社会结构还是自然环境都有所不同，作战难度也有所不同。

山地作战更危险，机动能力和夜战能力毫无用武之地

阿富汗战争与伊拉克战争是 21 世纪以来现代战争的代表。美军在这两个战场上实行的战术有什么区别呢？如果要从这两个战场对美军进行战术分析，最大的不同可能就在于现代装备在战场的作用了。

在伊拉克战争中，美军可以充分利用网络和 GPS 导航，以及各种高新技术，以多个部队协同作战，同时发起攻击。各部队之间通过系统共享的信息情报及时调整战术，最大程度地攻击敌人的薄弱点。

在重建工作中也是一样，可以利用无人侦察机和地面雷达 24 小时监视敌人的动静。一旦出现异常，巡逻部队能够迅速整装出发。

与伊拉克战争相比，阿富汗战争开战更早，美军所面临的难题也更多。其中最大的难题就是阿富汗的地形使美军的机动能力与夜战能力毫无用武之地。

就算使用夜视装置，要在断崖、巨石密布的山区作战仍然是非常困难的。而且所面对的敌人对于当地的地形环境非常熟悉，占据了地利的优势。

在山地作战时，可供敌人藏身的地方很多。洞穴之类的地方不仅可以作为基地，还能用来储存粮食和武器弹药。

除此以外，美军的大量机动车辆在山区中根本派不上用场，加上山区中通信信号时常中断，无法及时沟通，对协同作战造成了严重的负面影响。

这些因素综合在一起，使美军在阿富汗战场上遇到了前所未有的困难，常常在小规模作战中吃亏。

伊拉克战场

能够充分发挥部队的机动性和各种先进设备的作用，对美军作战十分有利。

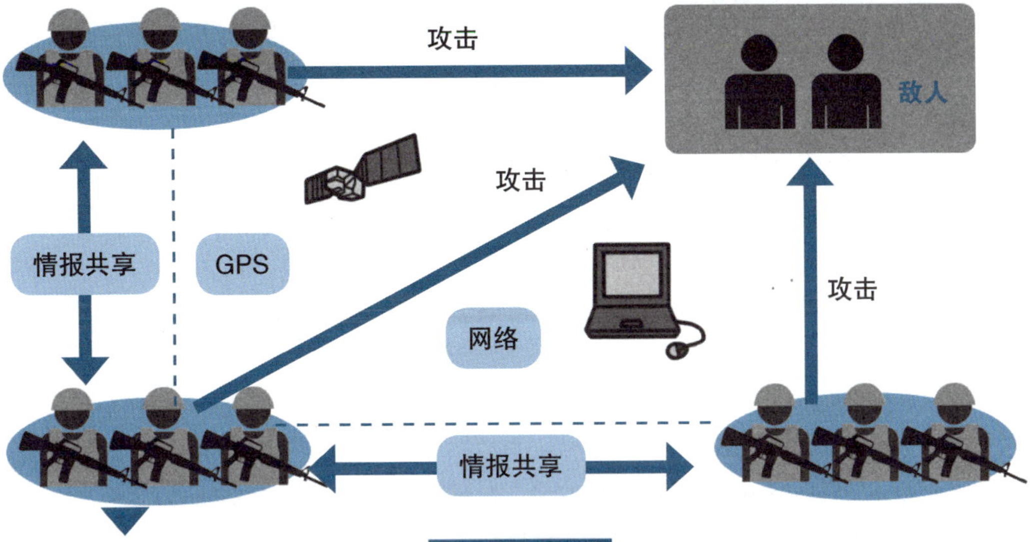

阿富汗战场

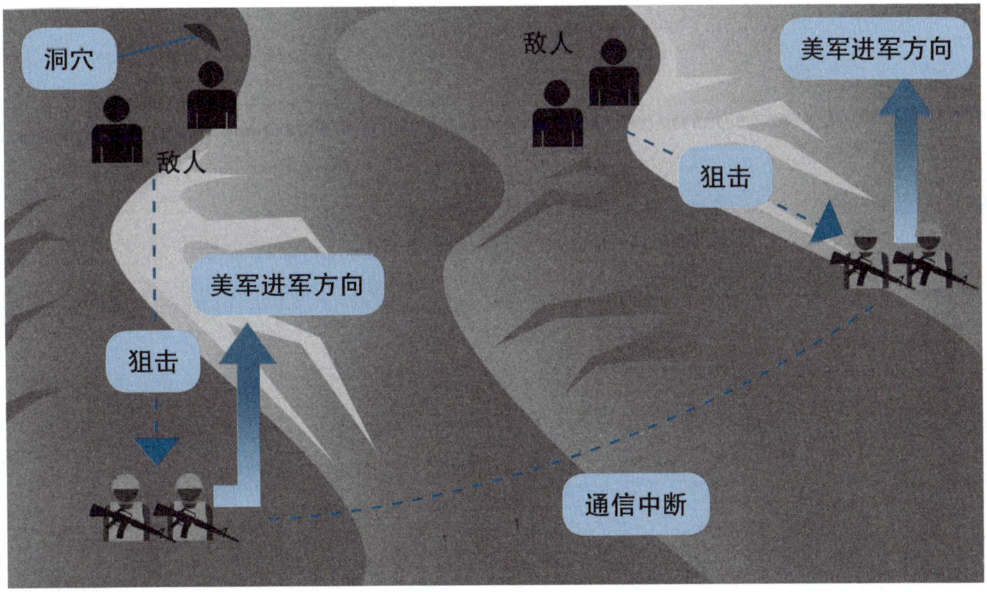

以山地为主的阿富汗，基地组织对地形更加熟悉，占据了地利的优势。

No.077 如何有效地攻入建筑物

在巷战中，常常要攻入建筑物当中作战。但是由于室内可能存在炸弹等危险，因此要制定详细的战术方案。

1
2
3
4
5

最好选择从敌人后方攻入，可以避开障碍或者陷阱

在战场上攻击建筑物内的敌人时，一方面要充分确认室内的情况，另一方面要保证快速攻击，针对敌人的弱点发起奇袭。以前陆军曾尝试使用特种部队的“SWAT”（Special Weapon And Tactic）战术，但是现在则发展出了军方特有的作战方式。

特种部队所使用的装备功能复杂，对于普通士兵而言，无论是携带或者是使用都有比较大的难度。而且军方作战时不只是要攻击某一栋建筑，也许要接二连三地进行攻坚战。因此，军方更重视的是装备的易用性和便携性。

比如要破坏铁丝网或者门锁，军方常用的是剪线钳和斧头。这两种简单的工具就能满足军队的需要。另外，根据实际情况的不同，有时还会使用 C4 塑胶炸药。

直接破墙而入也是军队惯用的手段。这样的话无论敌人在门口或者窗口设置了多少障碍或者陷阱，只要选择从敌人后方的墙壁强行突入就能避开。在无法直接破墙进入的时候，霰弹枪是破坏门锁以及窗户的有效方式，这点与特种部队是一样的。

美军装备的 M26 模组式霰弹枪系统具有很高的战术价值，既可以单独使用，也可以安装在 M4 卡宾枪枪管下方使用。这种霰弹枪可以使用致死性或者非致死性弹药，实用性非常强。通常在实战中，美军士兵会选择第一发装填专门用来破坏门锁的特殊枪弹，第二发以后才装填致死性或者非致死性霰弹。

还有一种特殊的武器，将炸药放在专门的编织袋中，编织袋外面有双面胶，可以轻松贴在墙壁或者屋顶上，炸出供士兵通过的开口。

剪线钳和斧头

剪线钳和斧头是前线士兵最常使用的工具

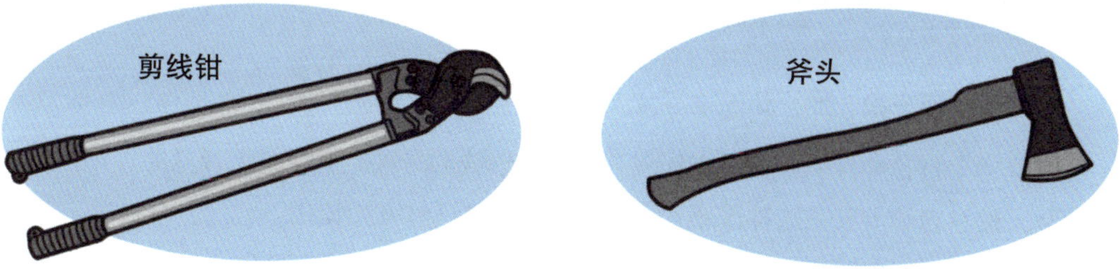

破墙而入

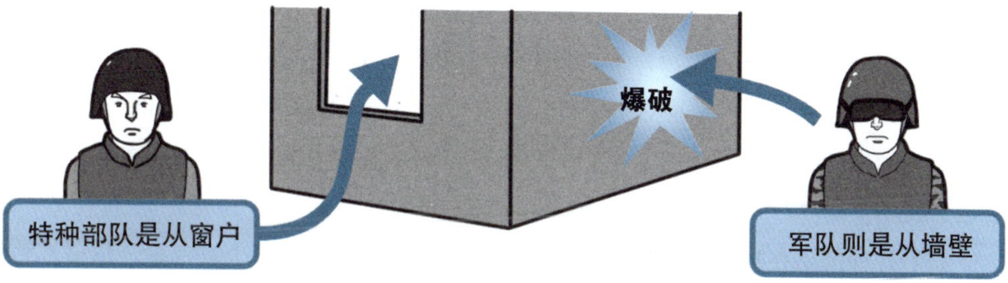

军队在突击建筑物的时候，大多会选择从敌人后方破坏墙壁，突然攻击的方式。

特殊的武器

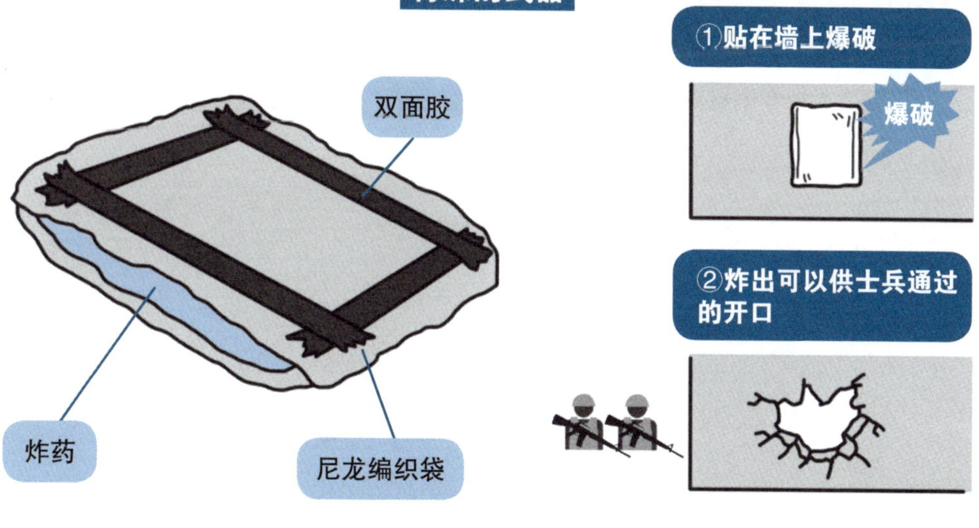

No.078 音响武器

电影中的枪炮声都是通过后期音效实现的，在战场上，军方有时候也会利用音效欺骗敌人。

有时候不费一枪一弹，就能攻下敌人的据点

在战场上将各种音响设备用于作战，属于心理战的一种。通过超大音量的宣传作战，削弱敌人的意志和士气，这种作战方式在很早以前就已经开始使用。

有一个例子，在审讯一些重犯要犯的时候，常常不断播放嘈杂的音乐，加上强光照射，令其无法入睡，从而实现摧毁其心理防线的目的。

在战争中，占领敌方地区以后，在进行重建工作时，也会充分利用音响武器。音响武器不仅仅是用来警告敌方的武装力量，更重要的是寻求当地居民的理解与合作，通过搭载在军用车辆上的音响以及广播电台等方式进行宣传，希望能够消除当地居民的敌对情绪。

伊拉克战争中，美军特种部队常常使用这种方法。他们不仅用于宣传用途，在实际作战中也会使用。

比如当特种部队在攻击某座敌人占据的据点时，首先会派侦察小组去探查敌情，结果发现敌人的防御非常牢固。这时如果正面攻击的话不仅需要耗费大量时间，还会造成许多不必要的伤亡。

此时，特种部队可能会通过音响设备进行伪装，大音量播放 M1 艾布拉姆斯坦克的行驶声音，让敌人以为坦克正在接近。这种战术在实际作战中非常成功，许多敌人在听到坦克驶近的声音以后都匆忙逃窜。有时候甚至根本不用耗费一枪一弹，就能攻下敌人所在的据点。

这种做法虽然并不可能总是奏效，但也已经证明了在战术方面是可行的。

音响武器的实际效果

通过不断渗透的宣传作战，削弱对方的意志，这种作战方式非常有效。

在监狱中

不断播放嘈杂的音乐，令犯人无法休息，迫使其说出实话。

在重建工作中

寻求当地居民的理解与合作

用音响欺骗敌人

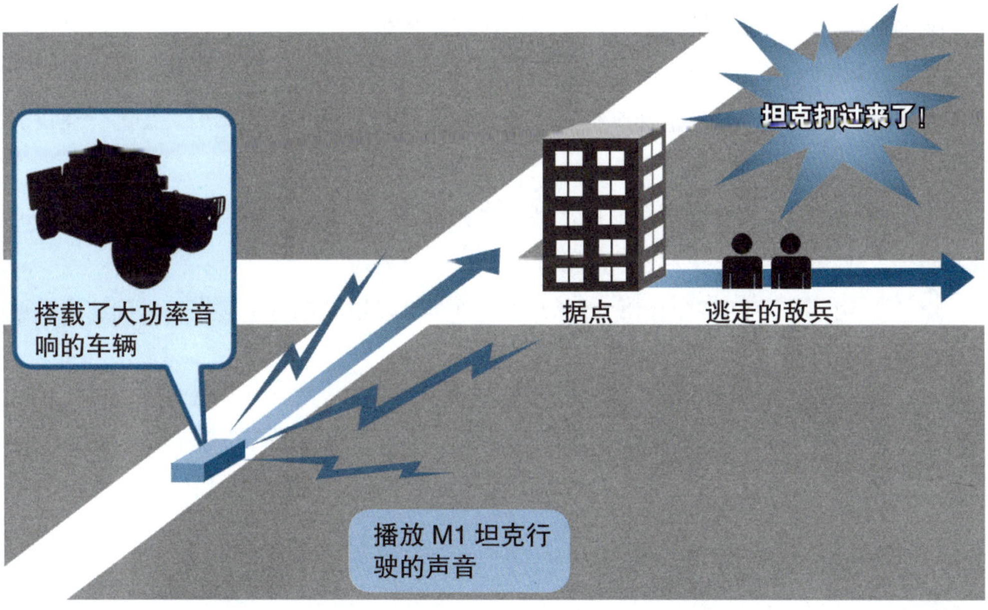

播放 M1 坦克行驶的声音，使敌人感到恐慌，甚至可以不耗费一枪一弹就占领敌人所在的据点。

No.079 为了作战而长期进行训练

军队的日常训练是军队作战能力的保障，特种部队的训练强度要比普通部队强很多，这也是为什么特种部队战斗力往往更强的原因。

把训练当作实战，才能在战场上从容应对

阿富汗战争初期，美国陆军遇到了不小的挫折。这是因为，特种部队平时就以“平时不流汗，战时就流血”的信念进行超负荷的训练，而一般的陆军部队训练的强度与之相比要小很多，与实战情况也相差甚大。

比如，阿富汗的自然环境和地形地貌原本就不是美国陆军设想的战场。美军士兵在此之前也不会想到自己有一天要来到这里作战。

在阿富汗监视敌人动向时，与他们日常训练完全不同。美军士兵要在山地丘陵地区构筑具有战术性质的前沿阵地，而且还要建立起足够的防御网，防御敌人的迫击炮。

在确定好阵地的构筑地点以后，每名士兵要背负将近 50 千克的装备，步行到海拔数千米的山间。如果是平地的话，每小时大概可以行进 4 千米，而在山地中，可能连 2 千米都不到。

阵地的建设也无法靠机器，而是要人工作业。构筑好阵地以后，还要挖筑能够抵御炮击的战壕、修建厕所等必要设施，以及用沙袋补强炮塔、战壕。虽然这些工作在平时训练中也会涉及，但是往往不会全部实行，强度也不及实际战场。另外，士兵在进行建设的同时还可能会遭遇敌人的攻击。

确保饮水也是作战内容之一。日常训练中，水、饮食等日常必需品几乎都有足够的补给，而到了战场上，补给就不一定能够保障了。

除了这些以外，战场上的情况瞬息万变，许多突发情况都是士兵在日常训练中不可能接触到的。

训练和实战

美国陆军士兵发现，他们日常的训练常常会派不上用场。

平时的训练

实战

在山地丘陵地区构建阵地

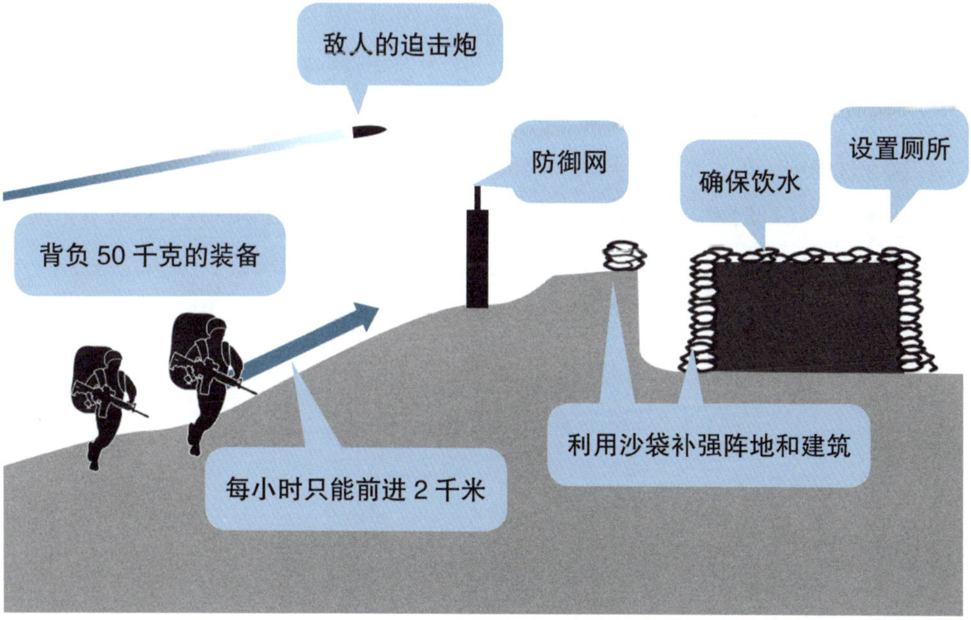

以山地为主的阿富汗，基地组织对地形更加熟悉，占据了地利的优势。

No.080 学习了解异国文化

要想顺利地执行任务，与当地人的沟通理解是必不可少的。因此，许多军队会专门要求士兵学习异国文化。

沟通了解，换取人心，令当地居民倾向于己方

无论使用多么先进的武器和装备，想要单凭武力征服是不可能得到某一地区人民真正信任的。如果希望当地居民能够理解合作，士兵首先要善于与当地居民沟通，表现出自己不是侵略者。

要表现出自己并非侵略者，并非嘴上说说就可以的，而是要通过实际行动来证明。但是实际的情况是，擅长使用武力的士兵常常会无视当地的文化风俗，大摇大摆地显示自己的武力。这样是很难获取当地居民信任的。

现代陆战中，得到当地居民的理解与帮助可以使整个战争事半功倍。因此，必须要不断尝试令居民倾向于己方。

比如美军在伊拉克和阿富汗，常常会派特种部队与当地人进行交流沟通，以求得到当地居民的认可。与此同时，敌对势力也会在当地居民中进行宣传，换取当地居民的信任，或者直接威胁。

然而，因为文化差异和宣传力度的原因。美军在阿富汗和伊拉克所进行的战争仍然被大多数当地人视为侵略，要求美军撤军的呼声接连不断。

在这一过程中，负责重建的部队和民事作战的部队会起到很大的作用。他们要充分考虑当地居民的想法以后才会决定战术策略。特种部队则会通过拜访部族领袖或者帮助当地居民重建、免费医疗等方式博取当地居民的信任。

这类作战方式收到了相应的效果，因此在美国陆军中被逐渐推广，普通士兵也要接受异国文化的训练和学习。

美军和恐怖分子

双方都会用各种手段令当地居民协助自己

学习异国文化

由于相互沟通交流在战争中的巨大作用，许多士兵要通过电脑学习异国文化。

No.082 根据任务更换武器

陆军士兵与特种部队不同，通常只能使用规定的武器，不能随时更换。但是经过了阿富汗和伊拉克战争，这条规则已经逐渐被抛弃。

因敌而变的重武装步兵作战小组

在战场上，同样的作战方式并非总能收到相应的作战效果。地形、敌方人数、自然环境等因素都会影响到作战的结果。

美军在阿富汗战场所面临的困难就说明了这个问题。即使是在类似的山地中作战，因为地区的不同，交战距离等因素都会有着明显差异，战斗胜负也会因此出现变数。

美军所面对的基地组织武装分子，对于当地的自然环境非常熟悉，往往会利用手动步枪从远距离发起攻击。而美军使用的是 5.56 毫米 M4 卡宾枪，远距离根本不占优势。

为此，阿富汗战场上的英军首先检讨了既有的作战方式，在行动时，配合可能面临的威胁，让士兵携带能够对抗的武器。

一般由 8 名士兵组成的英军作战小组会携带的武器如下：4 挺使用 5.56 毫米枪弹的 L85 突击步枪、2 挺 SA80 轻机枪、2 挺 L108A1 班用机枪。有时也会组成重武装作战小组，携带 2 挺 L85 突击步枪、2 挺 SA80 轻机枪、两挺 L108A1 班用机枪、2 挺 FN MAG 机枪，其中一挺 L85 突击步枪还会安装 M320 或者 M203 榴弹发射器。

SA80 轻机枪是基于 L86 突击步枪改良的，使用了重枪管，作为支援武器使用。L108A1 就是美军的 M249 班用机枪。

此外，还会挑选专门的射手，携带使用 7.62 毫米枪弹的 FN-FAL 自动步枪，从远距离攻击敌人，最近还装备了 L129A1 精确射手步枪。从士兵所装备的武器不难看出，在阿富汗作战有多么困难。

8 人作战小组所使用的武器

在阿富汗作战的英军，会根据作战任务需要随时更换武器。

正常情况

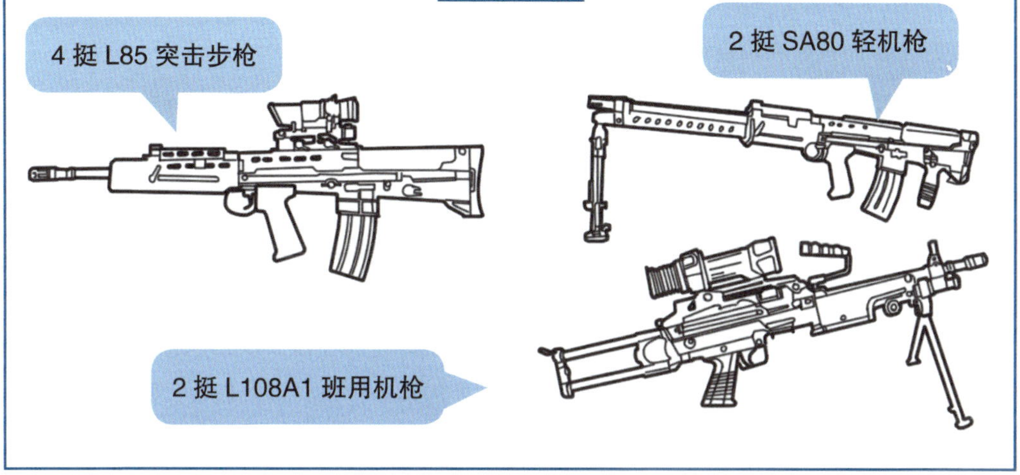

重武装作战小组

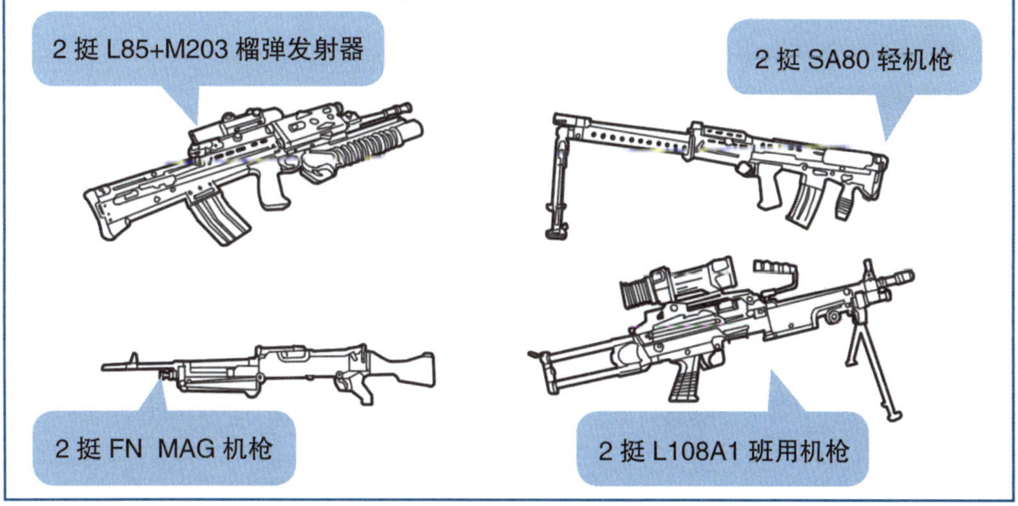

L129A1 精确射手步枪

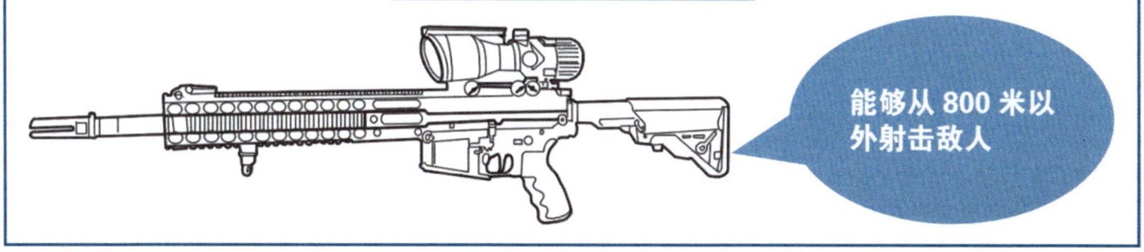

No.083 作战装备和作战智慧

战场上基本有两种模式：一种是依靠优势装备对敌人压制并防御，另一种是提前从战术层面进行预防。

特种部队向来是利用自己的战术和作战技能对敌攻击的

现代战场上，为了保护士兵，会给士兵配备各式各样的防弹背心。防弹背心多是以克维拉纤维制成，再加入陶瓷防弹板，就算是被 AK-47 突击步枪击中，也能抵挡。

士兵对这种防弹背心的评价很高，许多士兵的生命得以挽救。此外，加上能够保护颈部、上臂、腹部的附加套件，防御非常完善，能给士兵带来相当的安全感。但是，需要切记，战斗时不能过分依赖这些装备。准确来说，这些装备都是在被攻击的时候才有用。

作战经验越少的士兵，越会把自己的性命寄托在防弹背心和头盔上，过分相信装备的作用。尤其是像美军派往阿富汗和伊拉克从事重建的预备役士兵，他们并非职业军人，只是希望完成任务以后能够四肢健全地回到家中。

但是，过多的装备会影响士兵的移动速度，在遭到炸弹等袭击时很容易因为无法避开而受伤。

作战经验丰富的士兵在选择装备的时候大多会根据自己的经验选择“防弹背心＋头盔”，一方面能够保护要害部位，另一方面不至于因为装备过于笨重影响行动。

特种部队队员在执行一些任务的时候，甚至连防弹背心和头盔也不会穿戴。特种部队向来是利用自己的战术和作战技能对敌人进行压制性攻击，过多的防御装备会影响他们的速度，令敌人逃走。

无论是攻击还是防御，都要找到中间平衡点，将装备和相应的战术、作战技能结合起来，才能收到最好的作战效果。

防弹背心和其他防御套件

在阿富汗和伊拉克作战的美军，会配备防弹背心和其他套件，能够抵挡 AK-47 突击步枪的枪弹。

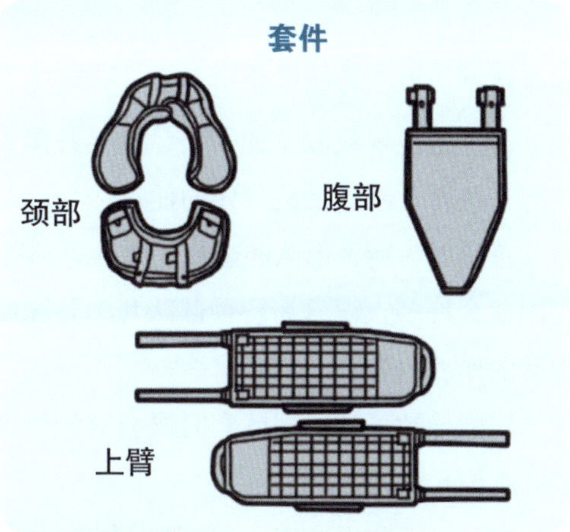

重视装备还是重视战术技能

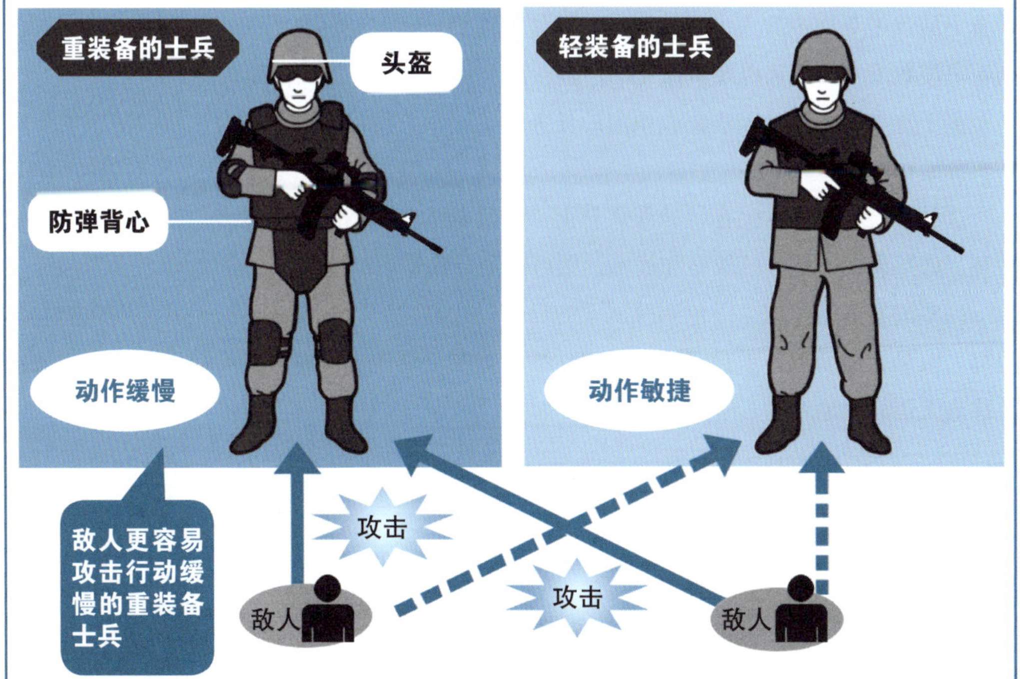

防弹背心和头盔，只有在被敌人攻击的时候才能起作用。在护具和其他措施之间取得平衡非常重要。

No.084 需要补充练习的特种部队

特种部队常常被人们认为是全能士兵，有时候军方高层也会过于高估特种部队的作战能力，从而造成特种部队损伤。

误读了地方的战略和战术，可能会导致整场战争的失败

为了适应现代战争的需要，世界各国先后成立了用于各种作战的特种部队。他们主要执行一些普通部队无法胜任的任务。

正是因为特种部队的选拔、训练等都极其严格，他们的作战能力也比普通部队强很多，也因此令许多人误以为特种部队几乎是无所不能的。就连军方，也不是所有人都了解特种部队的作战内容。

这就导致了特种部队有时候会被派遣到并不适合的战场，被迫在不擅长的地区执行他们并不擅长的任务。

在阿富汗和伊拉克，美军海军某支特种部队受命在敌人后方进行侦察并扰乱敌人作战。

但是陆上作战并非他们所擅长的，他们以往的任务更多的是从水中或者空中接近，以强有力的攻击夺取被敌人占领的据点。可是当他们被派遣到阿富汗和伊拉克以后，阿富汗动辄海拔数千米的山地以及伊拉克的广阔沙漠，使得他们在作战时无法得心应手。

鉴于这支特种部队无法完成预定的任务，美国军方将他们调回国内，按照陆军的要求从头开始训练。

这种错误不仅会发生在特种部队身上，仅仅是某支部队的错误最多会造成某次战斗的失利，如果误读了地方的战略和战术，则可能会导致整场战争的失败。

一些国家学习美国、以色列等国家的反恐作战经验，以此作为士兵的日常训练的主要内容。但是，由于抛开了自己国家的实际情况，在与周边国家发生冲突时，所学到的战术往往毫无用武之地。

特种部队的悲剧

对于长期习惯从水中或空中强袭敌人据点的特种部队而言，执行绕到敌人后方从事侦察和扰乱任务是比较困难的。

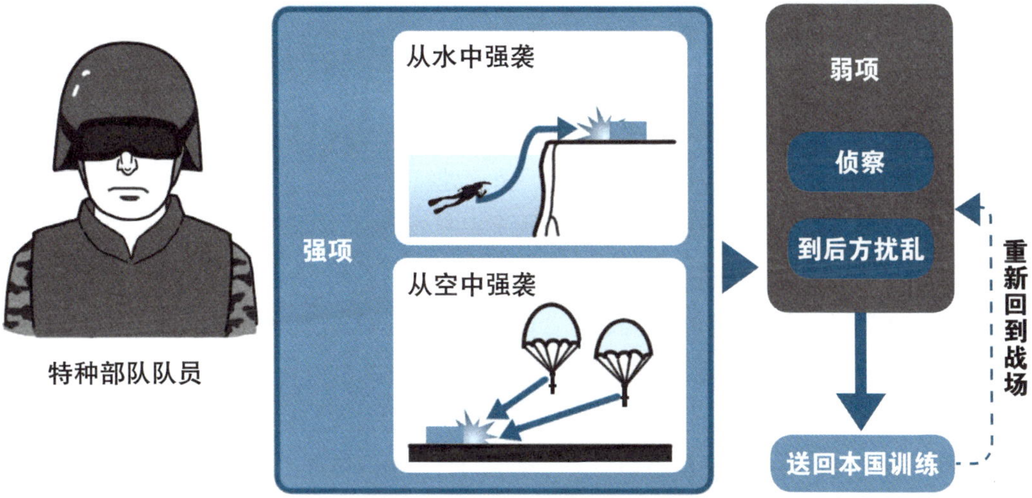

反恐作战和现代战车战斗

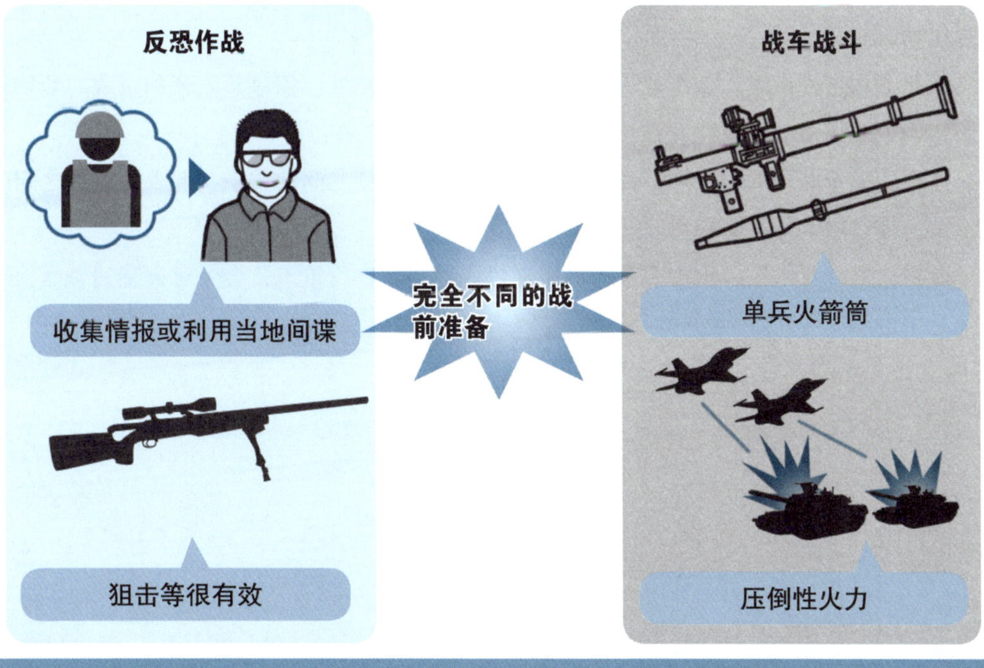

一些国家依靠美军的反恐作战战术进行作战训练，但是在和周边国家冲突时却毫无用武之地。

No.085 如何看穿敌人的心思

美军在阿富汗和伊拉克作战时，利用部族、宗教教派之间的关系，使用了非常行之有效的心理战术。

利用人物关系，找出可以利用的因素，再予以有的放矢

伊拉克战争中，美军攻陷巴格达以后，伊拉克总统萨达姆·侯赛因开始逃亡，隐藏起来指挥军队对抗美军，但是最终被美军在其藏身之处抓获。

追捕萨达姆的作战之所以能成功，是因为美军充分利用了侯赛因家族之间的人物关系和家族矛盾。

在处理民族或者部族之间的问题时，合理利用人物之间的连锁关系是非常重要的。只要充分把握民族、部族、家族之间的联系，找出造成良好关系或者不和的因素，再加以战术性利用即可。

比如，首先列出目标对象的婚姻关系、家族的关节点、利害关系、金钱流向以及成员之间的感情关系等，将目标对象分为支配者和被支配者，认清其中的权力关系。

按照各项因素制定出任务关系图谱以后，很容易判断其中哪些人容易倒戈，哪些人可以提供情报……

正是利用这种策略，美军成功找到了萨达姆的藏身之处。依靠其表亲和亲戚的证词找到萨达姆绝非是侥幸，在背后有着许多缜密扎实的调查工作。

这样的战术同样适用于阿富汗战场。通过把握各部族之间的关系，调查各部族之间的利益链，借以制定与各部族建立友好关系的战术。

此外，这种战术在审讯中非常有效。通过人物关系进行审讯，会令对方感到恐慌，于动摇之中讲出实情。

利用目标人物的关系

美军在伊拉克战争中抓到萨达姆，正是利用了人物之间的关系以及家族中的不和因素。

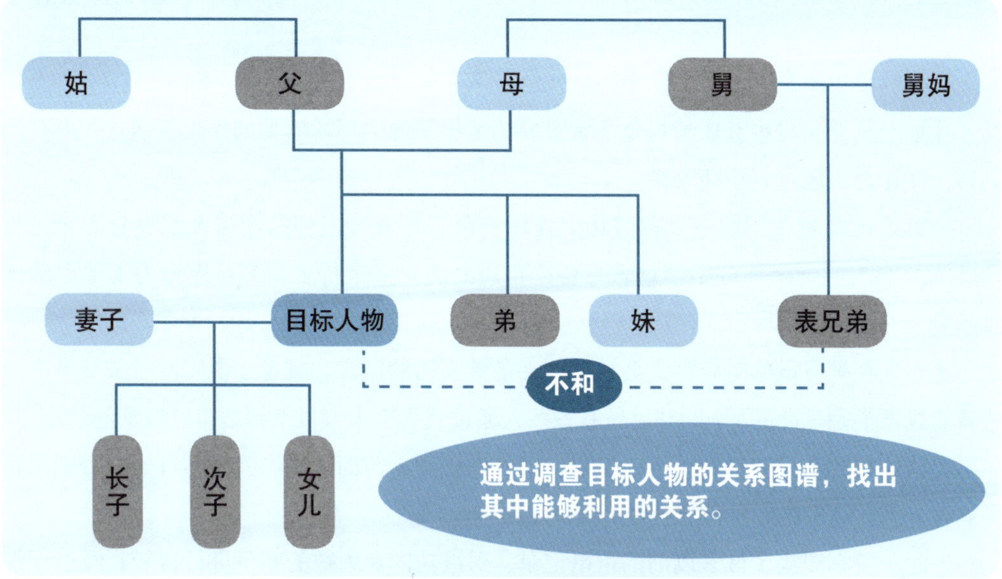

人物关系在审讯时也非常有用

在审讯时，可以先熟记人物之间的关系，以便令对方招供。

No.086 审讯中如何看破对方的谎言

在抓到敌人以后，怎样挖掘出更多的情报呢？关键就在于对敌人的文化和语言能够理解多少。

1
2
3
4
5

理解对方是审讯的要领，审讯人员须事先接受专门的文化、语言训练

战场上从俘虏口中获取情报是非常重要的情报来源之一，但是如果仅仅通过严刑拷问的话，往往并不能达到预期效果。

警察审讯疑犯所用的方式在战场上作用有限。军方所抓到的俘虏大都是身心经过长期磨练的军人或者恐怖分子，意志力要比普通的疑犯坚定得多，甚至愿意为了他们的理念献身。

这些人在被审讯的时候常常会说一些夹杂着实话的谎言，或者刚说完没多久又讲出一些新的线索推翻之前的证词。甚至还有一些人通过戏弄审讯人员来缓解自己被询问的压力。

要从这样的人口中得到情报，没有专门的训练和丰富的审讯经验是不行的。否则很容易被对方谎言之中的各种信息扰乱。

为此，美军搜集了许多以前的审讯记录，对成功的和失败的案例进行比较，经过仔细分析，得出了对军人和恐怖分子的审讯技巧。

那么，究竟该如何审讯呢？

首先，要准备许多测试对方反应的问题，一边询问对方，一边仔细观察其反应。人类在说谎的时候会有许多特征，尤其是在压力下说谎时，其特征更容易通过姿势或者表情等非语言方面表现出来。

接着，按照刚才测试的问题，掌握了对方的动作特征和表情特征以后，开始正式的审问。对比其前后动作、表情的相似之处，同时以手中的其他情报辅助，判断是否在说谎。

不同地区、不同文化、不同语言影响下的人反应都不相同，因此审讯人员必须要事先接受专门的文化、语言训练。

审讯军人或恐怖分子

军人和恐怖分子都是依照自己心中的坚定理念行动，很难令他们轻易招供。

针对军人或者恐怖分子的审讯技巧

在审讯军人或者恐怖分子的时候，会事先准备许多测试反应的问题，掌握对方的动作特征和表情特征。

No.087 战斗中的压力

战场可以瞬间决定许多人的生死，士兵不仅要时刻面临这种风险，还要亲手杀死别人，因此会造成非常严重的心理创伤。

尽可能减少战斗压力，一些国家开始尝试用机器人代替士兵执行危险任务

越是在严苛的战斗中，士兵的生命越是不能自己掌握，心理很容易崩溃。就算有幸生还，也可能会留下严重的心理创伤。

这种症状不仅出现在士兵身上，常人在经受了巨大打击以后也会患上这种症状，叫做“PTSD”（创伤后应激障碍综合症），军方将其称为“战斗压力”。

这种症状最早为人们所知是第一次世界大战时，许多士兵患上了弹震症。此后的历次战争中，也有大量士兵受到这种症状的煎熬。

此外，在海湾战争中出现了一种叫做“海湾战争综合症”心理症状，许多士兵认为，这并不是心理方面的障碍，而是因为化学物质所引起的。

虽然在历次战争中已经有大量士兵出现了心理障碍，但是军方对于士兵心理疾病的研究并没有取得太大进展。这也是因为在海湾战争以前的战场上，大多数士兵在心理疾病表现出来之前就已经战死或者受伤。

目前，一些国家的军方开始尝试利用机器人代替士兵执行一些危险的任务，希望以此减轻士兵的心理压力。

他们还会分析以往的资料，计算士兵出现创伤后应激障碍综合症的平均时间，将超过这一期限的士兵送回国，希望通过这种方法将士兵从压力中解放出来。

虽然如此，如果没有士兵的自愿配合，这些措施也就没有任何意义。一些士兵在患上心理疾病以后不愿接受辅导，导致症状日益严重。

士兵和战斗压力

士兵会因过于残酷的战场经历出现心理障碍，症状会因人而异，发生的时期也不确定。

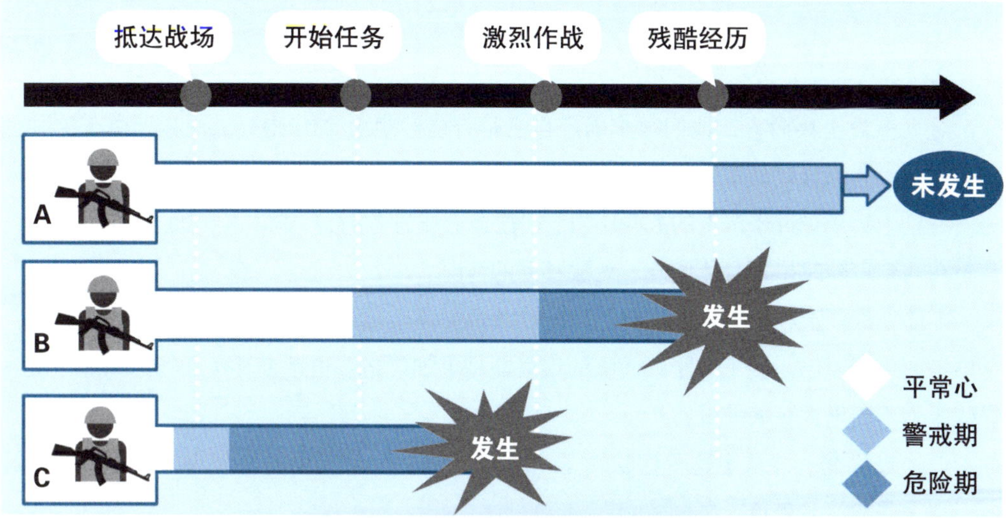

为了减缓战斗压力做的尝试

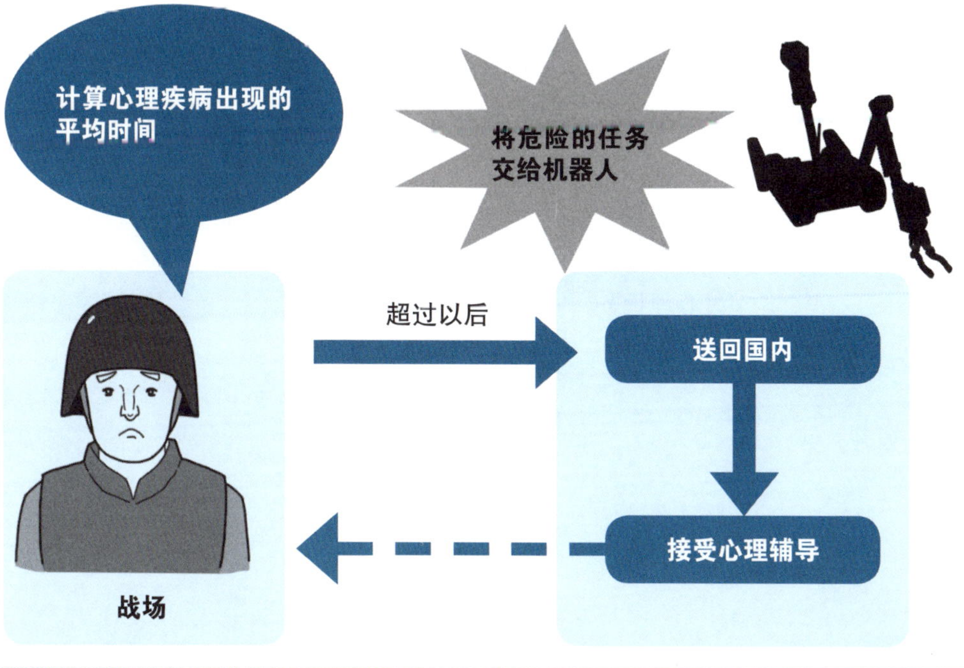

将危险的任务交给机器人执行，并且及时对士兵进行心理辅导。

No.088 如何避免战斗压力

相比于战场上的伤亡率，士兵在战斗中的心理压力很难通过直观的数据进行确认，因此并不可能在发生过程中或者发生以后及时发现。

无法及时发现，必须尽早预防

对大多数士兵而言，他们很难确定自己是否已经患上“PTSD”，而且，由于这种创伤后应激障碍综合症从罹患到病发需要相当长的一段时间，因此很难判断。

一旦士兵承受过于沉重的战斗压力，往往会造成思考能力下降、士气低落、逃避现实，甚至在遇到危险时出现身体僵硬、无法移动的情况。

以前在战场上，就算士兵出现类似的症状也并不会被重视，反而会被认为太过软弱，是害怕的表现而已。接下来士兵面临的很可能是更加严格、更接近真实战场的训练，最终导致压力不断增大，病情日益严重。

但经过研究，并认定这种症状属于“PTSD”以后，情况也随之大为改观，军方不得不正视这些症状并谨慎行事。

以美军为例，他们以前就制定了“4R+PIES”的应对措施，用来缓解战斗中士兵遇到的压力。

所谓“4R”，分别是Reassurance（放心）、Respite（暂缓）、Replenishment（补充）、Restoration（恢复）。也就是说，可以尝试暂时离开战斗，放松身心，恢复后再重返战场。

“PIES”则是Proximity（邻近）、Immediacy（立即）、Expectations（期待）、Simplicity（简单）的缩写。是指对于战场上的患者，需要立即治疗，以简单的方式让其迅速恢复。

另外，比起士兵自己发现病情，长官或者战友更容易感觉到士兵的变化，应及时让其简短地休息一下，调节好心理状态。

以往的战场

在以前的战斗中，士兵就算因为心理压力出现症状，也往往会被认为是懦弱、害怕的表现，换来的是更严格的训练。

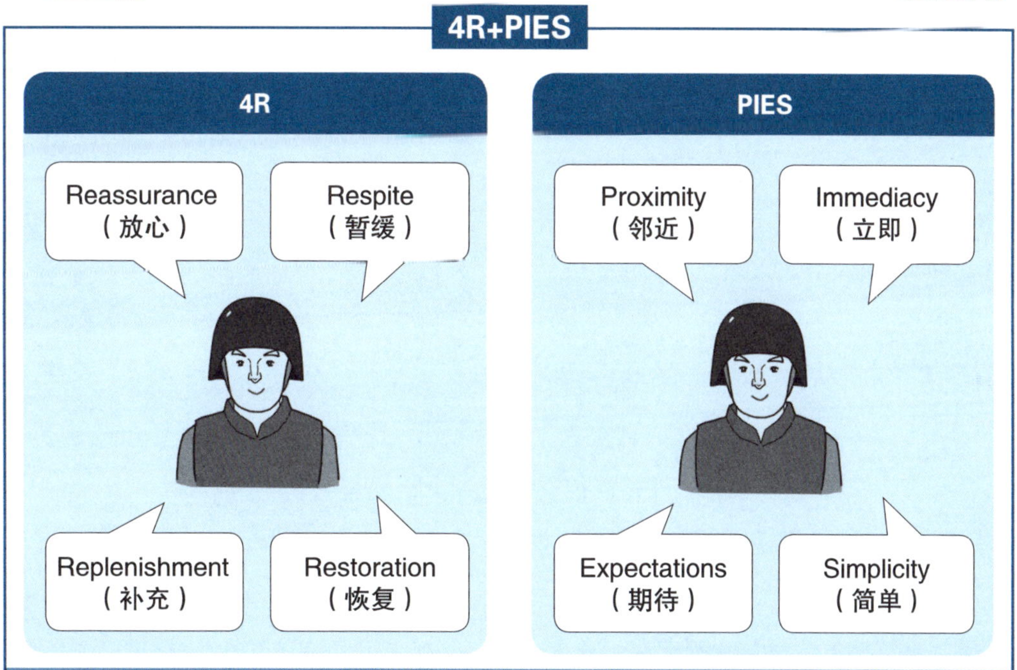

现在，军队中采取了许多措施来缓解战斗压力，预防 PTSD。